Langenscheidts

# Basiswortschatz Englisch

Ein nach Sachgebieten geordnetes
Lernwörterbuch mit Satzbeispielen

von

Chris Bye



**Langenscheidt**

Berlin · München · Wien · Zürich · New York

Herausgegeben von der Langenscheidt-Redaktion

01 02 03 04 05 5 4 3 2 1


Druck: Druckhaus „Thomas Müntzer“, Bad Langensalza
Printed in Germany · ISBN 3-468-20350-0

# INHALT

# Einführung

Um gute Kenntnisse einer Fremdsprache zu erwerben, beginnt man am besten, in dem man sich eine gute Basis des Wortschatzes aneignet und diese dann nach und nach erweitert. Diese Tatsache spiegelt sich in den Lehrplänen und modernen Lehrwerken wider. Langenscheidts Basiswortschatz Englisch ist sehr gut geeignet, sich diesen Grundbestand an Wortschatz zu erarbeiten. Er ist nach folgenden Prinzipien aufgebaut:

- Anordnung der Wörter nach Themenbereichen und Fachgebieten
- für jedes Wort mindestens ein möglichst lebensnahes Anwendungsbeispiel mit deutscher Übersetzung
- Basiswortschatz von 2000 Bedeutungen
- keine Ausrichtung an bestimmte Lehrwerke oder Altersgruppen, weder zu kindlich noch zu „abgehoben“
- geeignet für alle Lernenden, die in der Sekundarstufe I, in Einrichtungen der Erwachsenenbildung oder als Selbstlerner Englisch lernen oder für Beruf oder Urlaub brauchen.

## Aufbau

Das Grundprinzip der Benutzerfreundlichkeit wurde im neuen Basiswortschatz Englisch weiterentwickelt, verbessert und ergänzt.

Die Wortschatzauswahl wurde nach Kriterien wie Häufigkeit, Aktualität und Gebrauchswert getroffen. Die Satzbeispiele sind mit dem Ziel gestaltet, die Bedeutung auch ohne Hilfe der deutschen Übersetzung möglichst eindeutig zu vermitteln, die Wörter in typischen Zusammenhängen (Kollokationen) zu präsentieren, den jeweiligen Themenbereichen gerecht zu werden und durch die Auswahl der Beispiele die Benutzer zu interessieren und zur Weiterarbeit zu motivieren.

Auch innerhalb eines Kapitels sind die Stichwörter nicht alphabetisch, sondern nach inhaltlichen Gesichtspunkten angeordnet.

Ebenfalls ganz neu ist eine Reihe von Lernhilfen, die den besonderen Schwierigkeiten Deutscher, die Englisch lernen, Rechnung trägt. So wird zum Beispiel mit Hilfe des Warndreiecks auf grammatische Besonderheiten und typische Fehler hingewiesen, und durch das Info-Zeichen hervorgehobene Hinweise geben zusätzliche Informationen zur Aussprache, Schreibung, zum richtigen

Gebrauch, zur Unterscheidung von leicht verwechselbaren Wörtern, zu wichtigen landeskundlichen Fakten sowie zur Wortbildung.

Wo es sinnvoll erscheint, werden zu den englischen Stichwörtern auch Synonyme (Wörter mit gleicher oder sehr ähnlicher Bedeutung) und Antonyme (Wörter mit entgegengesetzter Bedeutung) gegeben, soweit sie Bestandteil dieses Wortschatzes sind, weil diese für den aktiven Umgang mit der Sprache wichtig sind und ihre Kenntnis zu den Anforderungen in Unterrichtung und Prüfung gehört.

## Das Lernen mit dem Basiswortschatz

Eine angemessene Lerntechnik ist die Voraussetzung für den Lernerfolg. Wir möchten Ihnen dazu einige Anregungen geben:

1. Nutzen Sie den Vorteil der Gliederung nach Sachgebieten und arbeiten Sie nicht Seiten, sondern Sachgebiete durch. Zwischen den Wörtern eines Sachgebietes bestehen Assoziationen. Die Sachgebiete spiegeln inhaltliche Zusammenhänge wider. Auch die Sachgebietsbezeichnungen sind bereits Merkhilfen. Es ist experimentell erwiesen, dass Wortschatz, der thematisch zusammenhängend erlernt wird, besser behalten wird.
2. Wenn Sie *einzelne* Sachgebiete durcharbeiten, fangen Sie vielleicht zuerst mit denen an, die Sie besonders interessieren, dann die anderen. Vergessen Sie aber nicht, sich nach und nach *alle* Sachgebiete anzueignen.
3. Wir empfehlen Ihnen, den Ablauf des Lernvorgangs zu systematisieren und portionsweise zu lernen. Lesen Sie ein Kästchen (fett gedrucktes Stichwort und Anwendungsbeispiel) und prägen Sie sich die Wortgleichung ein. Gehen Sie mehrere Kästchen auf diese Weise durch und decken Sie dann von diesem „Block“ die linke Spalte ab. Sprechen Sie sich nun das verdeckte Stichwort laut vor – wenn Sie wollen, auch das Anwendungsbeispiel. Dann kontrollieren Sie durch Aufdecken der linken Spalte. Wörter, die Sie noch nicht beherrschen, können Sie am Rand kennzeichnen – vielleicht durch ein Kreuzchen – und nochmals gesondert lernen. Abschließend nochmalige Kontrolle (Sprechen und Schreiben) des ganzen „Blocks“.
4. Lernvarianten: Sie können die rechte (statt linke) Spalte abdecken und entsprechend wie unter 3 beschrieben arbeiten. Sie können auch nur die Anwendungsbeispiele lernen, um vom Zusammenhang her die Bedeutung eines Wortes im Gedächtnis zu fixieren oder den Grundwortschaft „umzuwälzen“.

5. Über ein einzelnes Wort, das Sie im alphabetischen Register nachschlagen, können Sie auch zu einem bestimmten Sachgebiet kommen und so in einem sinnvollen Zusammenhang lernen.
6. Es empfiehlt sich, täglich (mit Pausen!) ein bestimmtes Pensum zu lernen. In einigen Wochen beherrschen Sie dann einen systematisch aufgebauten Basiswortschatz – den Wortschatz, auf den es ankommt. Diesen sollten Sie in gewissen zeitlichen Abständen wiederholen und überprüfen.
7. „Langenscheidts Basiswortschatz Englisch" ist lehrbuchunabhängig. Trotzdem eignet er sich auch zur Aktivierung, Wiederholung und Systematisierung des Wortschatzes im Unterricht, z. B.
   - zur Bereitstellung des entsprechenden Wortschatzes vor kommunikativen Übungen oder der Durchnahme bestimmter Texte;
   - zur Wortfeldarbeit nach der Durcharbeitung eines bestimmten Textes, der wesentliche Teile dieses Wortfeldes enthielt;
   - zur Erschließung und zum Aufbau eines Sachgebiets vom Einzelwort aus (über das Register).

Wir wünschen Ihnen bei der Arbeit mit diesem Wortschatz viel Spaß und Erfolg!

# KÖRPER UND WESEN

**body** ['bɒdɪ] *n*
After the football match his **body** was covered in bruises

**Körper** *m*
Nach dem Fußballspiel war sein Körper mit blauen Flecken übersäht.

**head** [hed] *n*
The book fell off the shelf onto her **head**.

**Kopf** *m*
Das Buch fiel vom Regal auf ihren Kopf.

**face** [feɪs] *n*
She had the most beautiful **face** he had ever seen.

**Gesicht** n
Sie hatte das schönste Gesicht, das er jemals gesehen hatte.

**hair** [heə] *n*
She has brown, shoulder-length **hair**.

**Haar** *n*, **Haare** *pl*
Sie hat braune, schulterlange Haare.

ⓘ ***Hair*** (nur Singular) bezeichnet das (Kopf)Haar, die Haare insgesamt. ***a hair*** bezeichnet ein einzelnes Haar, ***hairs*** einzelne Haare.

**skin** [skɪn] *n*
This is a special sort of soap for sensitive **skin.**

**Haut** *f*
Dies ist eine Spezialseife für empfindliche Haut.

**nose** [nəʊz] *n*
His **nose** was broken in a boxing match.

**Nase** *f*
Seine Nase wurde bei einem Boxkampf gebrochen.

**eye** [aɪ] *n*
When I got out of the swimming pool my **eyes** were sore.

**Auge** *n*
Als ich aus dem Schwimmbad herauskam, waren meine Augen gerötet.

**ear** [ɪə] *n*
My **ears** hurt because of the cold wind.

**Ohr** *n*
Wegen des kalten Windes taten mir meine Ohren weh.

**mouth** [maʊθ] *n*
My son always puts things in his **mouth**.

**Mund** *m*
Mein Sohn steckt sich immer Sachen in den Mund.

**tooth** [tuːθ] *n pl* **teeth** [tiːθ]
My **teeth** hurt when I eat ice cream.

**Zahn** *m*
Meine Zähne tun mir weh,. wenn ich Eis esse.

**tongue** [tʌŋ] *n*
That boy always sticks his **tongue** out when he sees me!

**Zunge** *f*
Dieser Junge streckt immer die Zunge heraus, wenn er mich sieht!

**neck** [nek] *n*
My **neck** was so stiff when I got up that I could hardly move my head.

**Hals** *m*, **Nacken** *m*, **Genick** *n*
Als ich aufstand, war mein Hals so steif, dass ich den Kopf kaum bewegen konnte.

**chest** [tʃest] *n*
He's got a tattoo of a tiger on his **chest**.

**Brust** *f*, **Brustkorb** *m*
Er hat einen Tiger als Tätowierung auf der Brust.

**back** [bæk] *n*
I can't help you carry your furniture because of my **back** trouble.

**Rücken** *m*
Ich kann dir wegen meiner Rückenprobleme nicht beim Möbeltragen helfen.

**arm** [ɑːm] *n*
He broke his **arm** when he fell over.

**Arm** *m*
Er brach sich den Arm, als er hinfiel.

**hand** [hænd] *n*
He shook my **hand** so hard that I could feel it for a long time afterwards.

**Hand** *f*
Er hat meine Hand so fest geschüttelt, dass ich es eine Zeit lang spüren konnte.

**finger** ['fɪŋgə] *n*
She pointed her **finger** at the suspect.

**Finger** *m*
Sie zeigte mit dem Finger auf den Verdächtigen.

**leg** [leg] *n*
I hurt my **leg** skiing last winter.

**Bein** *n*
Ich habe mir das Bein beim Skifahren letztes Jahr verletzt.

**foot** [fʊt] *n pl* **feet** [fiːt]
What a dancer! He trod on my **feet** all evening!

**Fuß** *m*
Er ist vielleicht ein Tänzer! Er trat mir den ganzen Abend auf die Füße.

**blood** [blʌd] *n*
There was **blood** on his shirt after the fight.

**Blut** n
Nach dem Kampf war Blut auf seinem Hemd.

**heart** [hɑːt] *n*
A lot of people in the West die of **heart** attacks.

**Herz** *n*
Viele Leute im Westen sterben an Herzinfarkt.

| | |
|---|---|
| **stomach** ['stʌmək] *n* | **Magen** *m*, **Bauch** *m* |
| Look at his **stomach** – it's hanging over his belt! | Schau dir seinen Bauch an – er hängt über seinen Gürtel! |

| | |
|---|---|
| **look** [lʊk] *n, v/i* | **Aussehen** *n*, **Blick** *m*; **aussehen** |
| He had an angry **look** in his eyes. | Er hatte einen verärgerten Blick in den Augen. |
| He **looked** a little ill after the party. | Nach der Party sah er ein bisschen krank aus. |
| **looks** [lʊks] *pl* | **Aussehen** *n* |
| People only like her for her good **looks.** | Die Leute mögen sie nur wegen ihres guten Aussehens. |
| **pretty** ['prɪtɪ] *adj syn:* attractive, *opp:* ugly | **hübsch** |
| She wasn't very **pretty** when she was young. | Sie war nicht besonders hübsch, als sie jung war. |
| **beautiful** ['bjuːtəfəl] *adj syn:* lovely, *opp:* ugly | **(wunder)schön** |
| She has turned into a **beautiful** woman. | Sie ist eine schöne Frau geworden. |
| **beauty** ['bjuːtɪ] *n* | **Schönheit** *f* |
| **Beauty** is in the eye of the beholder. | Schönheit liegt im Auge des Betrachters. |
| **tall** [tɔːl] adj opp: short | **groß** |
| My daughter is **taller** than me now. | Meine Tochter ist jetzt größer als ich. |
| **big** [bɪg] *adj opp:* small | **groß, schwer, stark, kräftig** |
| Her bodyguard was a very **big** man. | Ihr Leibwächter war ein sehr großer Mann. |

ⓘ ***Tall** (Gegenteil: **short**) bezieht sich nur auf die Körperlänge.*

| | |
|---|---|
| **short** [ʃɔːt] *adj opp:* tall | **klein** |
| My mother is a lot **shorter** than my father. | Meine Mutter ist viel kleiner als mein Vater. |
| **small** [smɔːl] *adj opp:* big | **klein (und leicht)** |
| He is very **small** for his age. | Er ist sehr klein für sein Alter. |

**mind** [maɪnd] *n opp:* body — **Verstand** *m*, **Geist** *m*, **Sinn** *m*, **Seele** *f*

You're out of your **mind** to leave her! — Du bist nicht bei Sinnen, sie zu verlassen!

My son has a very inquiring **mind**. — Mein Sohn ist sehr wissbegierig.

**idea** [aɪ'dɪə] *n syn:* thought — **Idee** *f*, **Gedanke** *m*, **Einfall** *m*, **Ahnung** *f*

It wasn't a very good **idea** to eat here. — Es war keine sehr gute Idee, hier zu essen.

I've no **idea** how I can help you. — Ich habe keine Ahnung, wie ich Ihnen helfen kann.

**think** [θɪŋk] *v/i, v/t* ⚠ **thought** [θɔːt], **thought** [θɔːt] — **denken, nachdenken, glauben, meinen**

I can't stop **thinking** about her. — Ich kann nicht aufhören, an sie zu denken.

Please **think** about my offer. — Bitte denken Sie über mein Angebot nach.

Is he right? What do you **think**? — Hat er Recht? Was meinst du?

**understand** [ˌʌndə'stænd] *v/i, v/t* — **verstehen**, **begreifen**

I don't **understand** what you mean. — Ich verstehe nicht, was du meinst.

I could never **understand** maths at school. — Ich konnte Mathe nie begreifen, als ich in der Schule war.

**remember** [rɪ'membə] *v/i, v/t* — **sich erinnern (an), daran denken**

I can never **remember** faces. — Ich kann mich nie an Gesichter erinnern.

**Remember** to put the lights out before you leave. — Denke daran, die Lichter auszuschalten, bevor du gehst.

**be interested in** [bɪ 'ɪntrəstɪd ɪn] — **sich interessieren für, interessiert sein an**

My daughter **is** very **interested in** horses. — Meine Tochter interessiert sich sehr für Pferde.

---

**good** [gʊd] *adj opp:* bad — **gut, brav, lieb, artig**

He was a **good** friend and colleague. — Er war ein guter Freund und Kollege.

Her son is a **good** boy. — Ihr Sohn ist ein guter Junge.

**bad** [bæd] *adj opp:* good — **schlecht, böse**

The boss is in a **bad** mood today. — Der Chef ist heute schlecht gelaunt.

| | |
|---|---|
| **nice** [naɪs] *adj syn:* kind, friendly<br>It was **nice** of you to invite me. | **nett, freundlich**<br>Es war sehr nett von Ihnen, mich einzuladen. |
| **friendly** ['frendlɪ] *adj syn:* nice, kind<br>The policeman was very **friendly** and helpful. | **freundlich, nett**<br>Der Polizist war sehr freundlich und hilfsbereit. |
| **dear** [dɪə] *adj*<br>Losing her cat was like losing a **dear** friend. | **lieb, gut**<br>Ihre Katze zu verlieren war wie einen guten Freund zu verlieren. |
| **proud** [praʊd] *adj*<br>She was **proud** of her achievement. | **stolz**<br>Sie war sehr stolz auf ihre Leistung. |
| **lazy** ['leɪzɪ] *adj opp:* hard-working<br>My son is so **lazy** – he just watches TV all evening. | **faul, träge**<br>Mein Sohn ist so faul – er sieht den ganzen Abend fern. |
| **patient** ['peɪʃnt] *adj opp:* impatient<br>My music teacher was always so **patient** with me. | **geduldig**<br>Mein Musiklehrer war immer so geduldig mit mir. |
| **patience** ['peɪʃns] *n opp:* impatience<br>The people at the station were beginning to lose their **patience**. | **Geduld** *f*<br>Die Leute am Bahnhof haben angefangen, ihre Geduld zu verlieren. |
| **careful** [ keəfʊl] *adj opp:* careless<br>Be **careful** with that knife – it's very sharp! | **vorsichtig, sorgfältig**<br>Sei vorsichtig mit dem Messer – es ist sehr scharf! |

---

| | |
|---|---|
| **feel** [fiːl] *v/i, v/t*<br>I **felt** sick when I saw those horrible pictures on TV. | **(sich) fühlen, empfinden**<br>Mir wurde schlecht, als ich diese schrecklichen Bilder im Fernsehen sah. |
| **like** [laɪk] *v/t opp:* dislike<br>People don't **like** him because he is so selfish. | **mögen, gern haben, etwas gern tun**<br>Die Leute mögen ihn nicht, weil er so egozentrisch ist. |

We **like** visiting different countries every year.
Wir besuchen gern verschiedene Länder jedes Jahr.

**love** [lʌv] *n,v/t opp:* hate
**Liebe** *f,* **lieben**
She was my first great **love** when I was sixteen.
Sie war meine erste große Liebe, als ich sechzehn war.
I **love** food but I hate cooking!
Ich liebe das Essen, aber ich hasse das Kochen!

**glad** [glæd] *adj syn:* happy, pleased
**froh, erfreut**
I'm **glad** you had a pleasant stay.
Ich bin froh, dass du einen angenehmen Aufenthalt gehabt hast.

**happy** ['hæpɪ] *adj syn:* glad, *opp:* unhappy, sad
**glücklich**
I hope you will be very **happy** together.
Ich hoffe, dass ihr zusammen sehr glücklich sein werdet.

**joy** [dʒɔɪ] *n syn:* happiness
**Freude** *f,* **Glück** *n*
You could see the **joy** in the children's faces when the clown came in.
Man konnte die Freude in den Gesichtern der Kinder sehen, als der Clown hereinkam.

**fun** [fʌn] *n syn:* pleasure
**Spaß** *m,* **Vergnügen** *n*
It was great **fun** watching the children play.
Es hat viel Spaß gemacht, den Kindern beim Spielen zuzusehen.

**pleasant** ['pleznt] *adj opp:* unpleasant
**angenehm**
We spent a very **pleasant** evening together.
Wir verbrachten einen angenehmen Abend zusammen.

**pleasure** ['pleʒə] *n syn:* fun
**Vergnügen** *n,* **Freude** *f*
It was a great **pleasure** meeting you.
Es war mir ein Vergnügen, Sie kennen zu lernen.

**hope** [həʊp] *n, v/i opp:* despair
**Hoffnung** *f,* **hoffen**
I **hope** you have a nice birthday party.
Ich hoffe, dass du einen schönen Geburtstag hast.
There's no **hope** of him getting the job.
Es gibt keine Hoffnung, dass er die Stelle bekommen wird.

**surprise** [sə'praɪz] *n, v/t*
**Überraschung** *f,* **überraschen**
What a nice **surprise** to see you!
Was für eine schöne Überraschung, dich zu sehen!

| | |
|---|---|
| Her strange reaction **surprised** me. | Ihre seltsame Reaktion hat mich überrascht. |
| **wonder** ['wʌndə] *v/i* | **sich fragen, wissen wollen** |
| I **wonder** where he is now. | Ich frage mich, wo er jetzt ist. |
| **sad** [sæd] *adj syn:* unhappy, *opp:* happy, pleased | **traurig** |
| We were **sad** when they left. | Wir waren traurig, als sie gingen. |
| **be sorry** [bɪ 'sɒrɪ] | **leid tun, bedauern** |
| I'**m sorry** I woke you. | Es tut mir Leid, dass ich dich geweckt habe. |
| I'**m sorry** I ever met her! | Ich bedaure es, sie jemals kennen gelernt zu haben! |
| **worry** ['wʌrɪ], *Am* ['wɜːrɪ] *v/i, v/t* | **(sich) Sorgen machen, besorgt sein** |
| Don't **worry** – be happy! | Mach dir keine Sorgen – sei glücklich! |
| **worried** ['wʌrɪd], *Am* ['wɜːrɪd] *adj* | **besorgt, in Sorge** |
| I'm **worried** because my daughter has started smoking. | Ich bin besorgt, weil meine Tochter angefangen hat zu rauchen. |
| **be afraid (of)** [bɪ ə'freɪd (əv)] *syn:* fear | **Angst haben (vor), sich fürchten (vor)** |
| I've always **been afraid of** spiders. | Ich hatte schon immer Angst vor Spinnen. |
| **trouble** ['trʌbl] *n syn:* problem(s) | **Sorge(n), Problem(e)** |
| My brother is nothing but **trouble**! | Mein Bruder bedeutet nichts als Ärger! |
| **hate** [heɪt] *n,v/t opp:* love | **Hass** *m*, **hassen** |
| Why is there so much **hate** in the world? | Warum gibt es so viel Hass auf der Welt? |
| I **hate** country music – it's awful! | Ich hasse Country-Musik – sie ist schrecklich! |
| **health** [helθ] *n opp:* disease | **Gesundheit** *f* |
| **Health** is more important than money. | Gesundheit ist wichtiger als Geld. |

**well** [wel] *adj opp:* unwell, ill
I don't feel **well** – I think it was that hamburger I ate.

**gesund, wohl(auf)**
Ich fühle mich nicht wohl – ich glaube, es liegt an dem Hamburger, den ich gegessen habe.

**strong** [strɔŋ] *adj opp:* weak
She isn't **strong** enough to go out yet after her illness.

**stark, kräftig**
Sie ist nach ihrer Krankheit noch nicht kräftig genug, um auszugehen.

**weak** [wiːk] *adj opp:* strong
After three weeks in bed I felt very **weak**.

**schwach**
Nach drei Wochen im Bett fühlte ich mich sehr schwach.

**ill** [ɪl] *adj syn:* sick, *opp:* well
I'm sorry I couldn't come, but I was **ill**.

**krank**
Es tut mir Leid, dass ich nicht kommen konnte. Ich war krank.

**sick** [sɪk] *adj syn:* ill, *opp:* well
Her illness is getting worse – she's a very **sick** woman.
I felt **sick** when he drove so fast.

**krank, übel**
Ihre Krankheit wird schlimmer – sie ist eine sehr kranke Frau.
Mir wurde übel, als er so schnell fuhr.

ⓘ ***Ill*** wird in der Bedeutung krank nur prädikativ, d. h. nach ***to be, to feel*** usw. gebraucht. ***sick*** dagegen wird sowohl attributiv (vor Substantiven) als auch prädikativ und in Zusammensetzungen, z.B. ***seasick*** (seekrank), gebraucht.

**hurt** [hɜːt] *v/i, v/t*
My back **hurt** after I carried the furniture upstairs.
I **hurt** my knee playing football.

**wehtun, schmerzen, verletzen**
Mir tat der Rücken weh, nachdem ich die Möbel hinaufgetragen hatte.
Ich verletze mir das Knie beim Fußballspielen.

**pain** [peɪn] *n*
Doctor, I've got **pains** in my stomach.

**Schmerz** *m*, **Schmerzen** *pl*
Herr Doktor, ich habe Schmerzen im Magen.

**suffer** ['sʌfə] *v/i, v/t*
My grandmother **suffers** from arthritis.
I won't **suffer** this behaviour any longer!

**(er)leiden, ertragen**
Meine Großmutter leidet an Arthritis.
Ich werde dieses Verhalten nicht mehr ertragen!

**cold** [kəʊld] *n*
My throat hurts – I think I'm getting a **cold**.

**Erkältung** *f*
Mein Hals tut mir weh – ich glaube, ich kriege eine Erkältung.

**cough** [kɒf] *n, v/i*
You've got a bad smoker's **cough.**
It was awful – he **coughed** all through the film.

**Husten** *m,* **husten**
Du hast einen schlimmen Raucherhusten.
Es war furchtbar – er hustete während des ganzen Films.

ⓘ ***Cough*** spricht man mit /ɒ/, also wie in ***soft*** und nicht wie in ***rough.***

**headache** ['hedeɪk] *n*
I've got a **headache** from all that beer last night.

**Kopfschmerzen** *pl,* **Kopfweh** *n*
Ich habe Kopfweh von dem vielen Bier gestern.

**temperature** ['temprətʃə] *n syn:* fever
Feel my forehead – I think I've got a **temperature.**
Red wine should be served at room **temperature**.

**Fieber** *n,* **Temperatur** *f*
Fühle mal meinen Stirn – ich glaube, dass ich Fieber habe.
Rotwein sollte bei Zimmertemperatur serviert werden.

**fever** ['fiːvə] *n syn:* temperature
High **fever** is one of the symptoms of malaria.

**Fieber** *n*
Hohes Fieber ist ein Symptom von Malaria.

**accident** ['æksɪdənt] *n*
My car was badly damaged in the **accident** but I wasn't injured.

**Unfall** *m*
Mein Auto wurde bei dem Unfall schwer beschädigt, aber ich wurde nicht verletzt.

**wound** [wuːnd] *n, v/t*
The **wound** left a scar on his arm.
Several people were killed and a lot **wounded** in the battle.

**Wunde** *f,* **verwunden**
Die Wunde hinterließ eine Narbe an seinem Arm.
Einige Leute wurden im Kampf getötet, und viele wurden verwundet.

---

**live** [lɪv] *v/i opp:* be dead
My grandmother is so healthy she'll **live** to be a hundred!

**leben**
Meine Großmutter ist so gesund, dass sie hundert werden kann!

| | |
|---|---|
| **life** [laɪf] *n opp:* death<br>She's always led a healthy **life**. | **Leben** *n*<br>Sie hat immer ein gesundes Leben geführt. |
| **be alive** [bɪ ə'laɪv]<br>My grandfather is dead, but my grandmother **is** still **alive**. | **leben, am Leben sein**<br>Mein Großvater ist tot, aber meine Großmutter lebt noch. |
| **exist** [ɪg'zɪst] *v/i*<br>I don't believe such things **exist**. | **existieren, leben, geben, vorhanden sein**<br>Ich glaube nicht, dass solche Sachen existieren. |
| **existence** [ɪg'zɪstəns] *n*<br>I doubt the **existence** of life on other planets. | **Existenz** *f*<br>Ich zweifele an der Existenz von Leben auf anderen Planeten. |
| **born** [bɔːn] *adj*<br>I was **born** in England. | **geboren**<br>Ich bin in England geboren. |
| **birthday** ['bɜːθdeɪ] *n*<br>Her **birthday** is in April. | **Geburtstag** *m*<br>Ihr Geburtstag ist im April. |
| **young** [jʌŋ] *adj opp:* old<br>She looks very **young** for her age. | **jung**<br>Sie sieht für ihr Alter sehr jung aus. |
| **old** [əʊld] *adj opp:* young<br>You're only as **old** as you feel. | **alt**<br>Du bist so jung, wie du dich fühlst. |
| **dead** [ded] *adj opp:* alive<br>They found him **dead** in his flat. | **tot**<br>Sie fanden ihn tot in seiner Wohnung. |
| **die** [daɪ] *v/i opp:* live<br>We were all shocked when he **died**. | **sterben**<br>Wir waren alle schockiert, als er starb. |
| **death** [deθ] *n opp:* life<br>A heart attack was the cause of **death**. | **Tod** *m*<br>Ein Herzanfall war die Todesursache. |

# AKTIVITÄTEN

**tired** ['taɪəd] *adj*
Even though I slept for eight hours I'm still **tired.**

**müde**
Obwohl ich acht Stunden lang geschlafen habe, bin ich immer noch müde.

**go to bed** [ˌgəʊ tə 'bed] *opp:* get up
**Go to bed** – it's late!

**schlafen gehen, ins Bett gehen**
Geh ins Bett – es ist spät!

**sleep** [sliːp] *v/i*
I was so worried I couldn't **sleep**.

**schlafen**
Ich habe mir solche Sorgen gemacht, dass ich nicht schlafen konnte.

**sleep** [sliːp] *n*
I didn't get any **sleep** on the plane.

**Schlaf** *m*
Ich habe im Flugzeug keinen Schlaf gefunden.

**be asleep** [bɪ ə'sliːp] *opp:* be awake
Sharon **was asleep** when her husband came home.

**schlafen**
Sharon schlief schon, als ihr Mann nach Hause kam.

**dream** [driːm] *n*
I had a strange **dream** last night.

**Traum** *m*
Heute Nacht hatte ich einen seltsamen Traum.

**dream** [driːm] *v/i*
I **dreamt** that I was alone in a big, dark house.

**träumen**
Ich träumte, dass ich alleine in einem großen, dunklen Haus war.

**wake up** [ˌweɪk 'ʌp] *v/i, v/t opp:* go to sleep, fall asleep
I **woke up** in the middle of the night.
The bells **woke** me **up** this morning.

**aufwachen, (auf)wecken**
Ich bin mitten in der Nacht aufgewacht.
Die Glocken haben mich heute früh aufgeweckt.

**get up** [ˌget 'ʌp] *v/i opp:* go to bed
He never **gets up** before midday, and then has breakfast!

**aufstehen**
Er steht nie vor Mittag auf, und dann frühstückt er!

**look** [lʊk] *v/i* — **schauen, blicken, suchen, hinsehen**

I **looked** for her at the concert but she wasn't there. — Ich suchte sie bei der Konzertaufführung, aber sie war nicht da.

**look** [lʊk] *n* — **Blick** *m*

Just take a **look** at this picture! — Wirf mal einen Blick auf das Bild hier.

**look at** ['lʊk ət] *v/i* — **(sich) anschauen, ansehen**

They **looked at** the stars for hours. — Sie sahen stundenlang die Sterne an.

**see** [siː] *v/t* ⚠ saw [sɔː], seen [siːn] — **sehen, erkennen**

Can you **see** that building over there? — Kannst du das Gebäude dort drüben sehen?

**watch** [wɒtʃ] *v/i, v/t* — **(sich an)sehen, zuschauen (bei)**

I stayed at home and **watched** TV. ⚠ nicht: **look, see** — Ich blieb zu Hause und sah fern.

ⓘ ***See*** bezeichnet sehen (= wahrnehmen, erkennen), ob gewollt oder ungewollt, z.B. ***Can you see anything?*** (Kannst du etwas sehen?). ***look (at)*** bezeichnet ein bewusstes Hin- oder Anschauen, z.B. ***Don't look at me like that!*** (Schau mich nicht so an!). ***watch*** bezeichnet meist ein Zuschauen über längere Zeit, z.B. ***to watch TV*** (fernsehen), ***watch a match*** (sich ein Spiel ansehen).

**look** [lʊk] *v/i* — **aussehen, wirken, (er)scheinen**

She **looked** worried because her husband was not at home. — Sie sah besorgt aus, weil ihr Mann nicht zu Hause war.

**sight** [saɪt] *n* — **Anblick** *m*, **Blick** *m*, **Sicht** *f*, **Sehen** *n*

The flat was a horrible **sight** after the party. — Nach dem Fest war die Wohnung ein fürchterlicher Anblick.

It seems easy at first **sight**. — Auf den ersten Blick sieht es ganz einfach aus.

I don't really know him – only by **sight**. — Eigentlich kenne ich ihn nicht – nur vom Sehen.

**hear** [hɪə] *v/t* ⚠ heard [hɜːd], heard [hɜːd] — **hören**

I **heard** a loud noise outside. — Ich hörte ein lautes Geräusch von draußen.

**listen (to)** [ˈlɪsn (tə)] — **(zu)hören, horchen**

I never **listen to** pop music. — Ich höre nie Popmusik.

⚠ *nicht: hear pop music*

He **listened** at the door while they were talking. — Er horchte an der Tür, während sie sich unterhielten.

ⓘ ***Hear*** bezeichnet hören (= wahrnehmen, verstehen, erfahren), ob gewollt oder ungewollt. ***listen (to)*** bezeichnet ein absichtliches Hin- oder Zuhören: ***Listen! I can hear something!*** (Hör mal, ich höre etwas!)

**sound** [saʊnd] *n, v/i* — **Geräusch** *n*, **Klang** *m*, **klingen**

That **sounds** terrible – when did it happen? — Das klingt schrecklich – wann ist es passiert?

I could hear the **sound** of his footsteps. — Ich konnte das Geräusch seiner Schritte hören.

**quiet** [ˈkwaɪət] *adj* — **leise, ruhig**

I couldn't hear the music because it was so **quiet**. — Ich konnte die Musik nicht hören, weil sie so leise war.

ⓘ Dieses Wort in Schreibung und Aussprache nicht mit ***quite*** [kwaɪt] (= ganz) verwechseln!

**loud** [laʊd] *adj, adv* — **laut**

What's that **loud** noise outside? — Was ist das laute Geräusch da draußen?

**feel** [fiːl] *v/i* ⚠ **felt** [felt], **felt** [felt] — **(sich an)fühlen**

These new shoes **feel** uncomfortable. — Diese neuen Schuhe fühlen sich unbequem an.

**touch** [tʌtʃ] *v/t, v/i* — **(sich) berühren, anfassen**

Please do not **touch** the sculptures. — Bitte berühren Sie die Skulpturen nicht.

**smell** [smel] *n, v/i, v/t* — **Geruch** *m*, **Duft** *m*, **riechen**

The **smell** of jasmine always reminds me of her. — Der Duft von Jasmin erinnert mich immer an sie.

Something **smells** nice – what are you cooking? — Irgendetwas riecht gut – was kochst du gerade?

⚠ *nicht: smells nicely*

**taste** [teɪst] *n, v/i, v/t* — **Geschmack** *m*, **schmecken**, **probieren**

I'd like to **taste** this wine, please. — Ich möchte bitte diesen Wein probieren.

It **tastes** very sweet! ⚠ *nicht: sweetly* — Er schmeckt sehr süß.

---

**wash** [wɒʃ] *v/t, v/i, n* — **(sich) waschen**

I must **wash** my hands – they're so dirty. — Ich muss mir die Hände waschen – sie sind so schmutzig.

When Susan came home from the party she **washed** and went to bed. — Als Susan von der Party nach Hause kam, wusch sie sich und ging zu Bett.

**bath** [bɑːθ], *Am* [bæθ] *n* — **Bad** *n*

I need a **bath** after all that work. — Ich brauche ein Bad nach der ganzen Arbeit.

**shower** [ˈʃaʊə] *n* — **Dusche** *f*, **Brause** *f*

I didn't have a **shower** after the match because the water was too cold! — Nach dem Spiel habe ich mich nicht geduscht, weil das Wasser so kalt war!

**soap** [səʊp] *n* — **Seife** *f*

This **soap** is for sensitive skin. — Diese Seife ist für empfindliche Haut.

**towel** [ˈtaʊəl] *n* — **Handtuch** *n*

You can use this **towel** to dry your hands. — Du kannst dieses Handtuch benutzen, um dir die Hände abzutrocknen.

**brush** [brʌʃ] *n, v/t* — **Bürste** *f*, **bürsten**

I never use a **brush** as my hair is so curly. — Ich benutze nie eine Bürste, weil meine Haare so lockig sind.

**Brush** your hair before you go to school. — Bürste deine Haare, bevor du in die Schule gehst.

**comb** [kəʊm] *n, v/t* — **Kamm** *m*, **kämmen**

Look at your hair! Do you ever use a **comb**? — Schau dir deine Haare an! Benutzt du jemals einen Kamm?

My daughter **combs** her hair for hours! — Meine Tochter kämmt sich stundenlang die Haare.

**powder** [ˈpaʊdə] *n* — **Puder** *n*

She always wears face **powder** to hide her spots. — Sie verwendet immer Gesichtspuder, um ihre Pickel zu verdecken.

**act** [ækt] *v/i* — **handeln, sich verhalten**

You should **act** before something terrible happens. — Du sollst handeln, bevor irgendetwas Furchtbares passiert.

He **acts** like a fool even though it's serious! — Er verhält sich wie ein Narr, obwohl es ernst ist.

**act** [ækt] *n syn:* action — **Tat** *f*, **Handlung** *f*, **Werk** *n*, **Akt** *m*

Her suicide was an **act** of desperation. — Ihr Selbstmord war ein Akt der Verzweiflung.

**action** ['ækʃn] *n syn:* act — **Handeln** *n*, **Handlung** *f*, **Tat** *f*

**Action** is sometimes better than a thousand words. — Handeln ist manchmal besser als tausend Worte.

ⓘ Vorsicht, ***action*** und Aktion darf man nicht gleichsetzen. Eine Aktion (= gemeinsame Anstrengung) wird meist durch ***campaign*** ausgedrückt, z.B. ***advertising campaign*** (Werbeaktion), oder durch ***operation,*** z.B. ***rescue operation*** (Rettungsaktion).

**do** [duː] *v/t* ⚠ **did** [dɪd], **done** [dʌn] — **tun, machen**

I **do** nothing in my spare time. ⚠ *nicht: make* — Ich tue nichts in meiner Freizeit.

What are you **doing** this evening? ⚠ *nicht: making* — Was machst du heute Abend?

**make** [meɪk] *v/t* — **machen, herstellen**

My son **made** breakfast this morning. — Heute früh hat mein Sohn das Frühstück gemacht.

My firm **makes** furniture. — Meine Firma stellt Möbel her.

ⓘ Es gibt nur eine Faustregel dafür, wann man ***do*** oder ***make*** für das deutsche machen verwendet: ***make*** meist dann, wenn es so viel wie herstellen, zubereiten, erzeugen bedeutet, ***do*** meist bei Tätigkeiten im Sinne von erledigen, z.B. ***to do one's homework/the washing-up*** (seine Hausaufgaben/den Abwasch machen). Am besten lernt man die Verbindungen (z.B. ***to do the rooms,*** aber ***to make the beds)*** auswendig.

**work** [wɜːk] *v/i* — **arbeiten, funktionieren**

He **worked** at a bank before he retired. — Er arbeitete in einer Bank, bevor er in Rente ging.

This radio doesn't **work**. I think it's broken. — Dieses Radio funktioniert nicht. Ich glaube, dass es kaputt ist.

**work** [wɜːk] *n* — **Arbeit** *f*

I'm never late for **work**! — Ich komme nie zu spät zur Arbeit.

**job** [dʒɒb] *n syn:* occupation — **(Arbeits)Stelle** *f*, **Arbeit** *f*, **Job** *m*

A lot of young people can't find a **job** when they leave school. ⚠ *nicht: work* — Viele junge Leute können keine Stelle finden, wenn sie die Schule verlassen.

I tried to do a good **job**, but it was too difficult. ⚠ *nicht: work* — Ich versuchte, gute Arbeit zu leisten, aber es war zu schwierig.

**try** [traɪ] *v/i, v/t syn:* attempt — **versuchen**

I'm not sure that I can do it, but I'll **try**. — Ich bin nicht sicher, ob ich es machen kann, aber ich werde es versuchen.

**plan** [plæn] *n* — **Plan** *m*

Have you made any **plans** for the weekend yet? — Hast du schon irgendwelche Pläne für das Wochenende gemacht?

**prepare** [prɪˈpeə] *v/i, v/t* — **(sich) vorbereiten**

I always **prepare** for my lessons at the weekend. — Am Wochenende bereite ich mich immer auf meinen Unterricht vor.

**trouble** [trʌbl] *n* — **Mühe** *f*, **Umstände** *pl*

It would be nice if you could help, but don't go to too much **trouble**. — Es wäre sehr nett, wenn Sie mir helfen könnten, aber bitte machen Sie sich nicht zu viel Mühe.

---

**need** [niːd] *v/t* — **brauchen, benötigen**

You **need** a lot of patience to do that job. — Man braucht viel Geduld, um diese Arbeit machen zu können.

**look for** [ˈlʊk fə] *opp:* find — **suchen (nach)**

I **looked for** my wallet but it had gone. — Ich suchte mein Portemonnaie, aber es war weg.

**find** [faɪnd] *v/t opp:* lose ⚠ **found** [faʊnd], **found** [faʊnd] — **finden**

I **found** the letter on my desk this morning. — Ich fand den Brief auf meinem Schreibtisch heute Morgen.

**catch** [kætʃ] *v/t opp:* miss ⚠ **caught** [kɔːt], **caught** [kɔːt]
I hope I'll **catch** the bus on time.
My cat never tries to **catch** mice.

**fangen, erreichen, erwischen**
Ich hoffe, dass ich den Bus rechtzeitig erwische.
Meine Katze versucht nie, Mäuse zu fangen.

**form** [fɔːm] *v/t*
The group **formed** a circle and began to dance.

**bilden**
Die Gruppe bildete einen Kreis und fing zu tanzen an.

**use** [juːz] *v/t*

I've got a microwave but I never **use** it.

**verwenden, benutzen, gebrauchen**
Ich habe einen Mikrowellenherd, aber ich benutze ihn nie.

**use** [juːs] *n*

The **use** of electronic equipment is not allowed.

**Benutzung** *f*, **Verwendung** *f*, **Gebrauch** *m*
Die Benutzung von elektronischen Geräten ist untersagt.

**collect** [kəˈlekt] *v/t, v/i*
I **collect** old postcards – I've got hundreds of them.

**sammeln, einsammeln**
Ich sammle alte Postkarten; ich habe Hunderte von ihnen.

**collection** [kəˈlekʃn] *n*
She's got a large **collection** of dolls.

**Sammlung** *f*
Sie hat eine große Puppensammlung.

**hold** [həʊld] *v/t* ⚠ **held** [held], **held** [held]
Could you **hold** my umbrella for a moment?

**halten**

Könntest du meinen Regenschirm einen Moment halten?

**add** [æd] *v/t*
If you **add** any more flour it will be too thick!

**hinzufügen, dazugeben**
Wenn du mehr Mehl dazugibst, wird es zu dickflüssig!

**change** [tʃeɪndʒ] *v/i, v/t*
I have to **change** my shirt before we go out.

**wechseln**
Ich muss mein Hemd wechseln, bevor wir fortgehen.

**open** [ˈəʊpən] *v/t opp:* close, shut
She **opened** the door quietly and let him in.

**öffnen, aufmachen**

Sie öffnete leise die Tür und ließ ihn herein.

**close** [kləʊz] *v/t syn:* shut, *opp:* open — **schließen, zumachen**
Can you **close** the window, please. I'm cold. — Kannst du das Fenster bitte zumachen; mir ist kalt.

**shut** [ʃʌt] *v/t syn:* close, *opp:* open ⚠ **shut** [ʃʌt], **shut** [ʃʌt] — **schließen, zumachen**
He **shut** the door and locked it. — Er schloss die Tür und sperrte sie zu.

**fill** [fɪl] *v/t opp:* empty — **füllen**
He **filled** his flask with water from the river before he walked on. — Er füllte seine Flasche mit Wasser aus dem Fluss, bevor er weiterging.

**shake** [ʃeɪk] *v/t* ⚠ **shook** [ʃʊk], **shaken** [ʃeɪkən] — **schütteln**
**Shake** the bottle before opening. — Vor dem Öffnen die Flasche schütteln.

**cut** [kʌt] *v/t* ⚠ **cut** [kʌt], **cut** [kʌt] — **(zer)schneiden**
I'll get some plates and you can **cut** the cake. — Ich hole ein paar Teller, und du kannst den Kuchen schneiden.

**burn** [bɜːn] *v/t* ⚠ **burnt*** [bɜːnt] **burnt*** [bɜːnt] — **verbrennen**
He **burnt** her old love-letters. — Er verbrannte ihre alten Liebesbriefe.

---

**put** [pʊt] *v/t* ⚠ **put** [pʊt], **put** [pʊt] — **stellen, legen, setzen** usw.
**Put** the letters on my desk, please. — Lege die Briefe bitte auf meinen Schreibtisch.
He **put** on his hat and left. — Er setzte seinen Hut auf und ging.

**lay** [leɪ] *v/t* ⚠ **laid** [leɪd], **laid** [leɪd] — **legen**
She **laid** the kitten next to its mother. — Sie legte das Kätzchen neben seine Mutter.

**set** [set] *v/t* ⚠ **set** [set], **set** [set] — **setzen, stellen**
I forgot to **set** the alarm clock and overslept. — Ich vergaß, den Wecker zu stellen und verschlief.

**take** [teɪk] *v/t* ⚠ **took** [tʊk], **taken** ['teɪkən] — **(weg)bringen, hinbringen, mitnehmen**

I've got to **take** this jacket to the cleaner's. — Ich muss diese Jacke zur Reinigung bringen.

Can you **take** me with you, please? — Kannst du mich bitte mitnehmen?

**bring** [brɪŋ] *v/t* ⚠ **brought** [brɔːt], **brought** [brɔːt] — **(her)bringen, mitbringen**

Can you **bring** that glass over? — Kannst du das Glas herbringen?

I don't know who **brought** this awful wine! — Ich weiß nicht, wer diesen fürchterlichen Wein mitgebracht hat.

**send** [send] *v/t opp:* receive ⚠ **sent** [sent], **sent** [sent] — **schicken, senden**

Can you **send** me your catalogue, please? — Können Sie mir bitte einen Katalog schicken?

**carry** ['kærɪ] *v/t* — **tragen**

Let me **carry** that for you – it's much too heavy. — Lass mich das für dich tragen; es ist viel zu schwer.

**draw** [drɔː] *v/t syn:* pull ⚠ **drew** [druː], **drawn** [drɔːn] — **ziehen**

The current **drew** the boat out to sea. — Die Strömung zog das Boot aufs Meer hinaus.

The magician **drew** a rabbit out of his hat. — Der Zauberer zog ein Kaninchen aus seinem Hut.

**pull** [pʊl] *v/t syn:* draw, *opp:* push — **ziehen**

He's **pulling** the child out of the water. — Er zieht das Kind aus dem Wasser.

**push** [pʊʃ] *v/i, v/t opp:* pull — **schieben, stoßen, drücken**

They **pushed** their bikes up the hill. — Sie schoben ihre Fahrräder den Berg hinauf.

She **pushed** him into the swimming pool. — Sie stieß ihn in das Schwimmbecken hinein.

**pick up** [ˌpɪk 'ʌp] *v/t opp:* drop — **aufheben, aufsammeln, auflesen**

He **picked up** all the rubbish from the lawn. — Er hob den ganzen Müll vom Rasen auf.

**lift** [lɪft] *v/t* — **(hoch)heben, anheben**
She **lifted** the boy up so that he could see better. — Sie hob den Jungen hoch, damit er besser sehen konnte.

**drop** [drɒp] *v/t* — **fallen lassen**
The waiter **dropped** the plates onto the floor. — Der Kellner ließ die Teller zu Boden fallen.

**turn** [tɜːn] *v/t* — **(um)drehen, wenden**
You have to **turn** that knob to adjust the heating. — Sie müssen den Knopf drehen, um die Heizung zu regulieren.
I can't **turn** here – it's a one-way street. — Ich darf hier nicht wenden; es ist eine Einbahnstraße.

---

**have (got)** [hæv ('gɒt)] *v/t* — **haben**
I'**ve got** a new computer. — Ich habe einen neuen Computer.
I never **have** trouble with my car. — Ich habe nie Probleme mit meinem Auto.

**give** [gɪv] *v/t opp:* get, take ⚠ **gave** [geɪv], **given** ['gɪvən] — **geben, schenken**
Can you **give** me your phone number? — Kannst du mir deine Telefonnummer geben?
She **gave** me this tie for Christmas. — Sie schenkte mir diese Krawatte zu Weihnachten.

**leave** [liːv] *v/t* ⚠ **left** [left], **left** [left] — **(zurück)lassen, hinterlassen**
Oh no! I've **left** my money in the car! ⚠ *nicht: let* — Oh je! Ich habe mein Geld im Auto zurückgelassen!
I'll **leave** you the keys to my flat while I'm away. — Ich lasse dir die Wohnungsschlüssel da, während ich weg bin.
Please **leave** the house tidy when you go. — Bitte hinterlassen Sie das Haus ordentlich, wenn Sie gehen.

**take** [teɪk] *v/t* ⚠ **took** [tʊk], **taken** ['teɪkən] — **nehmen, mitnehmen**
I always **take** a taxi to the airport. — Ich nehme immer ein Taxi zum Flughafen.
He **takes** his mobile phone everywhere with him. — Er nimmt sein Handy überallhin mit.

**get** [get] *v/t opp:* give ⚠ **got** [gɒt], **got** [gɒt], *Am auch* **gotten** ['gɑːtn] — **bekommen, erhalten, kriegen**
He **got** a new watch for his birthday, ⚠ *nicht. become* — Er bekam eine neue Armbanduhr zum Geburtstag.

**receive** [rɪ'siːv] *v/t syn:* get, *opp:* give, send
You will **receive** the parcel in two weeks.

**erhalten, empfangen, bekommen**
Sie erhalten das Paket innerhalb von zwei Wochen.

**accept** [ək'sept] *v/t opp:* refuse
I **accepted** his apology.

**annehmen, akzeptieren**
Ich nahm seine Entschuldigung an.

**keep** [kiːp] *v/t* ⚠ **kept** [kept], **kept** [kept]
I always **keep** all the letters I get from my friends.

**behalten**
Ich behalte immer alle Briefe, die ich von meinen Freunden bekomme.

# LERNEN UND WISSEN

**learn** [lɜːn] *v/i, v/t* ⚠ **learnt*** [lɜːnt], **learnt*** [lɜːnt]
I'll never be able to **learn** Italian!

**lernen, erlernen**
Ich werde nie Italienisch lernen können!

**know** [nəʊ] *v/i, v/t* ⚠ **knew** [njuː], **known** [nəʊn]
I **know** a little bit about computer problems.
I think I **know** what you mean.

**wissen, kennen, können**
Ich kenne mich ein bisschen bei Computerproblemen aus.
Ich glaube, ich weiß, was du meinst.

**read** [riːd] *v/i, v/t opp:* write ⚠ **read** [red], **read** [red]
I always **read** the paper at the breakfast table.
I'll **read** you what he wrote in his letter.

**lesen, vorlesen**
Ich lese am Frühstückstisch immer die Zeitung.
Ich lese dir vor, was er mir in seinem Brief geschrieben hat.

**write** [raɪt] *v/i, v/t* ⚠ **wrote** [rəʊt], **written** ['rɪtn]
I have to **write** letters all day at work.

**schreiben**
Ich muss den ganzen Tag bei der Arbeit Briefe schreiben.

**type** [taɪp] *v/t*
I've never been able to **type** very well.

**tippen, Maschine schreiben**
Ich konnte noch nie besonders gut tippen.

**copy** ['kɒpɪ] *v/t* — **abschreiben, kopieren**
He always **copies** my English homework! — Er schreibt immer meine Englischhausaufgaben ab.

**copy** ['kɒpɪ] *n opp:* original — **Kopie** *f*, **Abschrift** *f*
I've got a **copy** of the contract in my file. — Ich habe eine Kopie des Vertrages in meiner Ablage.

**example** [ɪg'zɑːmpl] *n* — **Beispiel** *n*
That's a perfect **example** of good management. — Das ist ein perfektes Beispiel für gute Betriebsführung.

**exercise** ['eksəsaɪz] *n* — **Übung** *f*
This **exercise** on prepositions is really easy! — Diese Übung zu Präpositionen ist wirklich einfach!

**test** [test] *n* — **Prüfung** *f*, **Test** *m*
My daughter failed her driving **test** last week. — Letzte Woche ist meine Tochter durch die Fahrprüfung gefallen.

**story** ['stɔːrɪ] *n* — **Geschichte** *f*
The children always want to hear a **story** at bedtime. — Vor dem Schlafen wollen meine Kinder immer eine Geschichte hören.

**book** [bʊk] *n* — **Buch** *n*
I haven't read any of his **books**. — Ich habe keines seiner Bücher gelesen.

**writer** ['raɪtə] *n syn:* author — **Schriftsteller(in), Autor(in), Dichter(in)**
She's one of the best **writers** I know. — Sie ist eine der besten Schriftstellerinnen, die ich kenne.

**library** ['laɪbrərɪ] *n* — **Bibliothek** *f*, **Bücherei** *f*
I must take this book back to the **library.** — Ich muss dieses Buch zur Bibliothek zurückbringen.

**sign** [saɪn] *n syn:* mark — **Zeichen** *n*
What do these **signs** mean after this word? — Was bedeuten diese Zeichen hinter diesem Wort?

**letter** ['letə] *n* — **Buchstabe** *m*
I always mix up the **letters** E and I. — Ich verwechsele immer die Buchstaben E und I.

**line** [laɪn] *n* — **Zeile** *f*
Please translate **lines** 21–32. — Bitte übersetzen Sie die Zeilen 21–32.

**page** [peɪdʒ] *n* — **Seite** *f*
The answers are on **page** 98. — Die Antworten finden Sie auf Seite 98.

**sheet** [ʃiːt] *n* — **Blatt** *n*, **Bogen** *m*
I always make notes on a **sheet** of paper before I start an essay. — Bevor ich anfange, einen Aufsatz zu schreiben, mache ich immer einige Notizen auf ein Blatt Papier.

## VERHALTEN

**business** ['bɪznɪs] *n syn:* matter — **Angelegenheit(en), Sache** *f*
Who I go out with is my **business**! — Es ist meine Angelegenheit, mit wem ich ausgehe!
I'm sick and tired of the whole **business**! — Ich habe die Nase voll von dieser Sache!

**matter** ['mætə] *n syn:* business, affair — **Angelegenheit** *f*, **Sache** *f*
I only seem to make **matters** worse! — Es scheint mir, als ob ich die ganze Angelegenheit schlimmer mache!

**duty** ['djuːtɪ] *n* — **Pflicht** *f*, **Aufgabe** *f*
It's my **duty** to tell her the truth. — Es ist meine Pflicht, ihr die Wahrheit zu sagen.

**be able to** [bɪ 'eɪbl tʊ] *syn:* can — **können**
I **wasn't able to** go out because of the children. — Ich konnte wegen der Kinder nicht ausgehen.

**be used to** [bɪ 'juːst tʊ] — **gewohnt sein**
Don't worry about me – **I'm used to** this sort of work. — Mach dir meinetwegen keine Sorgen – ich bin solche Arbeit gewohnt.

**depend on** [dɪ'pend ɒn] *v/t syn:* need — **abhängen von, abhängig sein von**
She **depends on** her husband because she can't find a job. — Sie ist von ihrem Mann abhängig, weil sie keine Arbeit finden kann.

**wait** [weɪt] *v/i* — **warten**
I can't **wait** for him any longer or I'll miss the plane.
Ich kann nicht länger auf ihn warten, sonst werde ich das Flugzeug verpassen.

**expect** [ɪk'spekt] *v/t* — **erwarten**
The match was a lot harder than **expected.**
Das Spiel war viel schwerer als erwartet.

**notice** ['nəʊtɪs] *v/t opp:* overlook — **bemerken, wahrnehmen**
I didn't **notice** that he was listening to us.
Ich habe nicht bemerkt, dass er uns zugehört hat.

**attention** [ə'tenʃn] *n* — **Aufmerksamkeit** *f*
Ladies and gentlemen, could I have your **attention** please?
Meine Damen und Herren, kann ich um Ihre Aufmerksamkeit bitten?

**pay attention (to)** [ˌpeɪ ə'tenʃn (tʊ)] — **aufpassen (auf), Acht geben (auf), genau zuhören**
He never **pays attention** when I speak.
Er passt nie auf, wenn ich rede.

**care** [keə] *n* — **Sorgfalt** *f*
He repaired the equipment with the greatest **care**.
Er reparierte das Gerät mit der größten Sorgfalt.

**take care of** [ˌteɪk 'keər əv] *syn:* look after — **sich kümmern um, betreuen, versorgen**
Can you **take care of** everything while I'm away?
Kannst du dich um alles kümmern, während ich weg bin?

**protect** [prə'tekt] *v/t syn:* guard, *opp:* attack — **schützen**
This cream will **protect** you against the sun.
Diese Creme wird dich vor der Sonne schützen.

**protection** [prə'tekʃn] *n* — **Schutz** *m*
You'll need some **protection** against mosquitoes in the jungle.
Im Dschungel werdet ihr Schutz vor Moskitos benötigen.

**hide** [haɪd] *v/i, v/t opp:* find ⚠ **hid** [hɪd], **hidden** ['hɪdn] — **(sich) verstecken, verbergen**
I think he's **hiding** behind that bush.
Ich glaube, dass er sich hinter dem Busch versteckt.
You can't **hide** anything from me!
Du kannst nichts vor mir verbergen!

| | |
|---|---|
| **forget** [fə'get] *v/t opp:* remember ⚠ **forgot** [fə'gɒt], **forgotten** [fə'gɒtn] | **vergessen** |
| I know her face but I've **forgotten** her name. | Ich kenne ihr Gesicht, aber ich habe ihren Namen vergessen. |
| **leave** [liːv] *v/t* ⚠ **left** [left], **left** [left] | **verlassen** |
| He **left** the house and drove to work. | Er verließ das Haus und fuhr zur Arbeit. |
| **smile** [smaɪl] *n, v/i opp:* frown | **Lächeln** *n*, **lächeln** |
| Cheer up! Give us a **smile**! | Kopf hoch! Schenke uns doch ein Lächeln! |
| Can you **smile**, please? I want to take a photo. | Kannst du bitte lächeln? Ich möchte ein Bild knipsen. |
| **laugh** [lɑːf] *v/i opp:* cry | **lachen** |
| He always **laughs** at his own jokes. | Er lacht immer über seine eigenen Witze. |
| **cry** [kraɪ] *v/i opp:* laugh | **weinen** |
| The film was so sad that I **cried**. | Der Film war so traurig, dass ich weinen musste. |

---

| | |
|---|---|
| **power** ['paʊə] *n* | **Macht** *f*, **Vermögen** *n* |
| He's the only person with the **power** to make such a decision. | Er ist der Einzige, der die Macht hat, eine solche Entscheidung zu treffen. |
| **kind** [kaɪnd] *adj syn:* good, *opp:* unkind | **freundlich, gut, gütig** |
| It was very **kind** of you to invite us. | Es war sehr nett von Ihnen, uns einzuladen. |
| **help** [help] *n syn:* assistance, aid | **Hilfe** *f* |
| I couldn't have managed without your **help**. | Ich hätte es ohne Ihre Hilfe nicht schaffen können. |
| **help** [help] *v/t, v/i syn:* assist | **helfen** |
| Thanks very much for **helping** me with the translation. | Vielen Dank, dass du mir bei der Übersetzung geholfen hast. |
| **remind (of)** [rɪ'maɪnd (əv)] *v/t* | **erinnern (an)** |
| Can you **remind** him to phone me tomorrow, please? | Können Sie ihn bitte morgen daran erinnern, dass er mich anruft? |

That music **reminds** me **of** my holiday in Portugal. — Diese Musik erinnert mich an meinen Urlaub in Portugal.

ⓘ ***Remember*** bedeutet sich erinnern an, denken an, daran denken (= nicht vergessen), etwas zu tun. ***remind someone*** dagegen heißt jemanden (an etwas oder jemanden) erinnern. Es heißt daher ***Remember to lock the back door!*** (Denk daran, die Hintertür abzuschließen!), aber ***Remind me to lock the back door!*** (Erinnere mich daran, die Hintertür abzuschließen!).

**promise** ['prɒmɪs] *n, v/t* — **Versprechen** *n*, **Versprechung** *f*, **versprechen**

Be careful! He never keeps his **promises.** — Sei vorsichtig! Er hält nie seine Versprechen.

I **promise** I won't tell anyone. — Ich verspreche, dass ich es niemandem erzählen werde.

**excuse** [ɪk'skjuːz] *v/t opp:* blame — **entschuldigen**

Would you **excuse** me for a minute – my wife's on the phone. — Würden Sie mich einen Augenblick entschuldigen? Meine Frau ist am Telefon.

**excuse** [ɪk'skjuːs] *n opp:* blame — **Entschuldigung** *f*, **Ausflucht** *f*

He always has an **excuse** for not going out with me. — Er hat immer eine Entschuldigung dafür, warum er nicht mit mir ausgehen kann.

**follow** ['fɒləʊ] *v/t* — **folgen, verfolgen**

Her dog **follows** her everywhere. — Ihr Hund folgt ihr überallhin.

I think that man is **following** us! — Ich glaube, dass der Mann uns verfolgt!

**disturb** [dɪ'stɜːb] *v/t syn:* bother — **stören**

I'm sorry to **disturb** you, but your husband wants to speak to you urgently. — Es tut mir leid, Sie zu stören. Ihr Mann möchte Sie dringend sprechen.

**silent** ['saɪlənt] *adj syn:* quiet, *opp:* noisy — **schweigend, schweigsam, still**

Everybody was **silent** as the boss announced the bad news. — Alle waren still, als der Chef die schlechten Neuigkeiten bekannt gab.

**silence** ['saɪləns] *n syn:* quiet, *opp:* noise — **Schweigen** *n*, **Stille** *f*

There was an embarassing **silence** when his ex-wife arrived. — Es gab ein peinliches Schweigen, als seine Ex-Frau ankam.

The **silence** in the forest was eerie. — Die Stille im Wald war unheimlich.

## SPRACHE UND SPRECHABSICHTEN

**speak** [spiːk] *v/i, v/t syn:* talk ⚠ **spoke** [spəʊk], **spoken** ['spəʊkən] — **sprechen, reden**

I **spoke** to her on the phone yesterday. — Gestern sprach ich mit ihr am Telefon.

I can't **speak** any foreign languages. — Ich spreche keine Fremdsprachen.

**talk** [tɔːk] *v/i syn:* speak — **reden, sprechen**

They only **talk** about cars, computers and football! — Sie reden nur über Autos, Computer und Fußball!

**talk** [tɔːk] *n syn:* conversation — **Gespräch** *n*

I had a long **talk** with my boss about the new project. — Ich hatte ein langes Gespräch mit meinem Chef über das neue Projekt.

**say** [seɪ] *v/t* ⚠ **said** [sed], **said** [sed] — **sagen**

I'm so happy, I don't know what to **say**! — Ich bin so glücklich, dass ich nicht weiß, was ich sagen soll!

**tell** [tel] *v/t* ⚠ **told** [təʊld], **told** [təʊld] — **sagen, erzählen, mitteilen**

**Tell** me what you think of this drawing. — Sag mir, was du von dieser Zeichnung hältst.

Can you **tell** me exactly what happened? — Können Sie mir genau erzählen, was passiert ist?

Please **tell** me what your decision is as soon as possible. — Bitte teilen Sie mir so bald wie möglich mit, wie Sie sich entscheiden.

**call** [kɔːl] *n, v/i, v/t syn:* shout, cry — **Ruf** *m*, **Schrei** *m*, **rufen**

His suicide attempt was a **call** for help. — Sein Selbstmordversuch war ein Schrei nach Hilfe.

I felt nervous as the teacher **called** out my name. — Ich war nervös, als der Lehrer meinen Name aufrief.

**cry** [kraɪ] *n, v/i, v/t syn:* shout — **Schrei** *m*, **schreien**
I heard a loud **cry** from the flat upstairs. — Ich hörte einen lauten Schrei von der oberen Wohnung.
He **cried** out in pain as the dog bit him. — Er schrie vor Schmerz, als der Hund ihn biss.

**word** [wɜːd] *n* — **Wort** *n*
How do you pronounce this **word**? — Wie spricht man dieses Wort aus?

**spell** [spel] *v/i, v/t* ⚠ **spelt*** [spelt], **spelt*** [spelt] — **buchstabieren, (recht)schreiben**
Not many people can **spell** my name properly! — Wenig Leute können meinen Name richtig buchstabieren.

ⓘ Da es im Englischen weder Umlaute noch ein ß gibt, buchstabiert (und schreibt) man Namen am besten mit ae statt ä usw. sowie mit ss statt ß, also z.B. *Loewenstrasse* statt Löwenstraße.

---

**ask** [ɑːsk] *v/t opp:* answer, reply — **fragen**
Don't **ask** me – I've got no idea. — Frage mich nicht. Ich habe keine Ahnung.

**question** ['kwestʃn] *n opp:* answer, reply — **Frage** *f*
The policeman asked a lot of **questions**. — Der Polizist stellte viele Fragen.

**answer** ['ɑːnsə] *v/i, v/t syn:* reply, *opp:* ask — **antworten, beantworten**
I couldn't **answer** all the questions. — Ich konnte nicht alle Fragen beantworten.

**answer** ['ɑːnsə] *n syn:* reply, *opp:* question — **Antwort** *f*
If you have got all the right **answers**, you'll win a prize! — Wenn Sie alle Antworten richtig haben, gewinnen Sie einen Preis!

**show** [ʃəʊ] *v/t* ⚠ **showed** [ʃəʊd], **shown** [ʃəʊn] — **zeigen**
Could you **show** me your driving licence, please? — Können Sie mir bitte Ihren Führerschein zeigen?

**information** [ˌɪnfə'meɪʃn] *n* — **Information(en), Auskunft** *f*
There's a lot of **information** about it in this book. — Es gibt viele Informationen darüber in diesem Buch.

**news** [njuːz], *Am* [nuːz] *n* — **Nachricht(en), Neuigkeit(en)**
Did you hear the **news** about the flood? — Hast du schon die Nachrichten über die Überschwemmung gehört?

**report** [rɪ'pɔːt] *v/i, v/t* — **berichten, melden**
He **reported** the accident to the police. — Er meldete den Unfall bei der Polizei.

**report** [rɪ'pɔːt] *n syn:* account — **Bericht** *m*, **Report(age)**
There was a **report** about smoking on TV. — Im Fernsehen war ein Bericht über das Rauchen.

**explain** [ɪk'spleɪn] *v/t* — **erklären**
I don't get it! Can you **explain** it to me? — Ich kapiere es nicht! Kannst du es mir erklären?

**mean** [miːn] *v/t* ⚠ — **bedeuten**
**meant** [ment], **meant** [ment]
What does that sign **mean**? — Was bedeutet dieses Schild?

**meaning** ['miːnɪŋ] *n syn:* sense — **Bedeutung** *f*, **Sinn** *m*
Life had no **meaning** for him any more. — Das Leben hatte für ihn keinen Sinn mehr.

**tip** [tɪp] *n* — **Tipp** *m*, **Hinweis** *m*
This book is full of cooking **tips**. — Dieses Buch enthält viele Kochtipps.
He gave the police an important **tip.** — Er gab der Polizei einen wichtigen Hinweis.

**advice** [əd'vaɪs] *n* — **Rat** *m*
Take my **advice** and stop drinking! — Hör auf meinen Rat und hör mit dem Trinken auf!
That's a good piece of **advice**. — Das ist ein guter Rat.
⚠ *nicht:* ***an advice***

ℹ ***Advice***, ***information*** und ***news*** können nur im Singular und ohne unbestimmten Artikel gebraucht werden. Ein einzelner Rat(schlag), eine Information oder Nachricht werden durch ***a piece of ...*** ausgedrückt, z.B. ***an important piece of news*** (eine wichtige Nachricht).

---

**opinion** [ə'pɪnjən] *n syn:* view — **Meinung** *f*, **Ansicht** *f*
In my **opinion** (⚠ *nicht:* ***meaning***) you should leave her. — Meiner Meinung nach solltest du sie verlassen.

**mean** [miːn] *v/t* ⚠
**meant** [ment], **meant** [ment]

**meinen (= sagen wollen, im Sinn haben), ernst meinen**

I'm not sure what she **means**.

Ich bin mir nicht sicher, was sie meint.

Which man do you **mean**? The tall one?

Welchen Mann meinst du? Den großen?

Don't worry – he doesn't **mean** it.

Keine Angst. Er meint es nicht ernst.

Meinen im Sinne von glauben, der Meinung sein wird nicht durch ***mean*** ausgedrückt, sondern durch ***think, believe, be of the opinion***, z.B. ***I think he's right. What do you think?*** (Ich meine, er hat Recht. Was meinst du?)

**for** [fɔː] *prp syn:* in favour of, *opp:* against

**für**

Either you're **for** me or against me.

Entweder bist du für mich oder gegen mich.

**against** [ə'genst] *prp opp:* for, in favour of

**gegen**

I'm **against** smoking in public.

Ich bin gegen das Rauchen in der Öffentlichkeit.

**yes** [jes] *adv opp:* no

**ja**

Is he new here? – **Yes**, he is.

Ist er neu hier? – Ja.

**of course** [əv'kɔːs] *adv syn:* certainly

**natürlich, gewiss, sicher(lich), selbstverständlich**

Can you help me, please? – Yes, **of course**.

Können Sie mir bitte helfen? – Ja, selbstverständlich.

**no** [nəʊ] *adv opp:* yes

**nein**

Excuse me, have you got a light? – **No**, sorry. I don't smoke.

Entschuldigen Sie bitte. Haben Sie Feuer? – Nein, leider nicht, ich bin Nichtraucher.

Es wirkt oft unhöflich, Fragen nur mit ***yes*** oder ***no*** zu beantworten. Auf Angebote antwortet man am besten mit ***yes, please*** oder ***no, thank you***, auf andere Fragen mit den entsprechenden Kurzantworten, z.B. ***Are you enjoying your visit? – Yes, we are.***

**not** [nɒt] *adv*

**nicht**

I'm **not** going to help you!

Ich werde dir nicht helfen!

| | |
|---|---|
| **right** [raɪt] *adj syn:* correct, true, *opp:* wrong, false | **richtig, wahr, korrekt, recht** |
| Is this the **right** train? | Ist das der richtige Zug? |
| **correct** [kə'rekt] *adj syn:* right, *opp:* wrong, false | **richtig, korrekt** |
| Only one answer is **correct**. | Nur eine Antwort ist richtig. |
| **true** [truː] *adj syn:* real, right, correct, *opp:* false, wrong | **wahr** |
| I don't believe it! It can't be **true**! | Ich glaube es nicht! Es kann doch nicht wahr sein! |
| **truth** [truːθ] *n opp:* lie | **Wahrheit** *f* |
| I never know if he's telling the **truth**. | Ich weiß nie, ob er die Wahrheit sagt. |
| **be right** [bɪ 'raɪt] *opp:* be wrong | **Recht haben** |
| You**'re right** – it is raining. | Du hast Recht. Es regnet doch. |
| **admit** [əd'mɪt] *v/t syn:* confess, *opp:* deny | **zugeben** |
| She never **admits** that she's wrong. | Sie gibt nie zu, dass sie Unrecht hat. |
| **wrong** [rɒŋ] *adj syn:* false, *opp:* right, correct | **falsch** |
| They arrested the **wrong** man. | Sie haben den falschen Mann verhaftet. |
| **mistake** [mɪ'steɪk] *n syn:* error, fault | **Fehler** *m* |
| I'm sorry. It was my **mistake.** | Es tut mir Leid. Das war mein Fehler. |
| **be wrong** [bɪ 'rɒŋ] *opp:* be right | **Unrecht haben, sich irren** |
| I thought she loved me, but I **was wrong**. | Ich habe geglaubt, dass sie mich liebt, aber ich habe mich geirrt. |

---

| | |
|---|---|
| **proof** [pruːf] *n syn:* evidence | **Beweis(e), Beleg(e), Nachweis** *m* |
| They think he's the thief, but they have no **proof**. | Sie glauben, dass er der Dieb ist, aber sie haben keine Beweise. |

| | |
|---|---|
| **sure** [ʃʊə] *adj syn:* certain, *opp:* uncertain | **sicher** |
| Are you **sure** he's going to come? | Bist du sicher, dass er kommen wird? |
| **certain** ['sɜːtn] *adj syn:* sure, *opp:* uncertain | **sicher, gewiss** |
| I'm **certain** she's the right woman for the job. | Ich bin sicher, dass sie die richtige Person für diese Stelle ist. |
| **certainly** ['sɜːtnlɪ] *adv syn:* of course | **bestimmt, sicher(lich), gewiss, mit Sicherheit** |
| It was **certainly** a relief to find him. | Es war sicherlich eine Erleichterung, ihn zu finden. |
| **suppose** [sə'pəʊz] *v/t syn:* think, believe | **annehmen, vermuten** |
| He isn't at home. I **suppose** he's out shopping. | Er ist nicht zu Hause. Ich nehme an, dass er beim Einkaufen ist. |
| **seem** [siːm] *v/i syn:* appear | **scheinen** |
| John **seems** very tired at the moment. | John scheint zur Zeit sehr müde zu sein. |
| **probable** ['prɒbəbl] *adj syn:* likely, *opp:* improbable | **wahrscheinlich** |
| It isn't very **probable** that Pete will want to see me. | Es ist nicht sehr wahrscheinlich, dass Pete mich sehen will. |
| **probably** ['prɒbəblɪ] *adv* | **wahrscheinlich** |
| We'll **probably** stay in Paris for two weeks. | Wir werden wahrscheinlich zwei Wochen in Paris bleiben. |
| **possible** ['pɒsəbl] *adj opp:* impossible | **möglich** |
| It's **possible** that Simon is already on holiday. | Es ist möglich, dass Simon schon im Urlaub ist. |
| **perhaps** [pə'hæps] *adv syn:* maybe | **vielleicht** |
| **Perhaps** I'll come round later, if I've got time. | Vielleicht komme ich später vorbei, wenn ich Zeit habe. |
| **impossible** [ɪm'pɒsəbl] *adj opp:* possible | **unmöglich** |
| It's **impossible** to talk to you when you're reading the paper! | Es ist unmöglich, mit dir zu reden, wenn du die Zeitung liest! |

| | |
|---|---|
| **choose** [tʃuːz] *v/i, v/t syn:* select, pick ⚠ **chose** [tʃəʊz] **chosen** ['tʃəʊzən] | **wählen, auswählen** |
| You can **choose** the room you want. | Du kannst das Zimmer wählen, das du möchtest. |
| **prefer** [prɪ'fɜː] *v/t* | **vorziehen, lieber mögen** usw. |
| I **prefer** smaller cars. | Ich mag kleinere Autos lieber. |
| **good** [gʊd] *adj opp:* bad | **gut** |
| John's a very **good** cook. | John ist ein sehr guter Koch. |
| **well** [wel] *adv opp:* badly | **gut** |
| I don't know Mary very **well**. | Ich kenne Mary nicht so gut. |
| **better** ['betə] *adj, adv opp:* worse | **besser** |
| Do you feel **better** today? | Fühlen Sie sich heute besser? |
| **best** [best] *adj, adv opp:* worst | **beste(r, -s), am besten** |
| This is the **best** restaurant in town. | Dies ist das beste Restaurant in der Stadt. |
| **nice** [naɪs] *adj* | **nett, hübsch, schön** |
| You've got a really **nice** flat! | Du hast eine wirklich schöne Wohnung. |
| **fine** [faɪn] *adj syn:* excellent, beautiful | **schön, ausgezeichnet, erlesen** |
| That was a **fine** meal you cooked! | Das war ein ausgezeichnetes Essen, das du gekocht hast! |
| **great** [greɪt] *adj syn:* excellent, wonderful | **groß, großartig, toll** |
| I feel just **great**! | Ich fühle mich einfach großartig! |
| **wonderful** ['wʌndəfʊl] *adj syn:* lovely, *opp:* awful | **wunderbar, wundervoll** |
| Thank you for the **wonderful** evening. | Vielen Dank für den wunderbaren Abend. |
| **bad** [bæd] *adj opp:* good | **schlecht, schlimm, böse** |
| You can't cycle in this **bad** weather. | Du kannst doch bei dem schlechten Wetter nicht Rad fahren. |

**worse** [wɜːs] *adj, adv opp:* better — **schlechter, schlimmer**

I think the pain is getting **worse.** — Ich glaube, der Schmerz wird immer schlimmer.

**worst** [wɜːst] *adj, adv opp:* best — **schlechteste(r, -s), schlimmste(r, -s), am schlechtesten, am schlimmsten**

That was the **worst** film I've ever seen! — Das war der schlechteste Film, den ich je gesehen habe!

**awful** ['ɔːfʊl] *adj syn:* terrible — **furchtbar, schrecklich**

It was an **awful** shock for Barbara. — Es war ein schrecklicher Schock für Barbara.

**interesting** ['ɪntrɪstɪŋ] *adj opp:* boring, dull — **interessant**

I'm reading an **interesting** book at the moment. — Ich lese zur Zeit ein interessantes Buch.

**important** [ɪm'pɔːtnt] *adj opp:* unimportant — **wichtig**

Don't forget to phone Terry. It's very **important**. — Vergiss nicht, Terry anzurufen. Es ist sehr wichtig.

**valuable** ['væljəbl] *adj syn:* precious, *opp:* worthless — **wertvoll**

Sorry I knocked over the vase! Was it very **valuable**? — Es tut mir Leid, dass ich die Vase umgestoßen habe! War sie sehr wertvoll?

**useful** ['juːsfəl] *adj syn:* valuable, *opp:* useless — **nützlich, praktisch, wertvoll**

A microwave is very **useful** when you're in a hurry. — Ein Mikrowellenherd ist sehr praktisch, wenn man es eilig hat.

**use** [juːs] *n* — **Nutzen** *m*

The book you gave me was of great **use**. — Das Buch, das du mir geschenkt hast, war von großem Nutzen.

**easy** ['iːzɪ] *adj syn:* simple, *opp:* difficult, hard — **leicht, einfach**

It's **easy** when you know the answer! — Es ist leicht, wenn man die Lösung kennt!

| | |
|---|---|
| **simple** ['sɪmpl] *adj syn:* plain, easy, *opp:* difficult, complicated | **einfach, leicht, schlicht** |
| The machine is very **simple** to use. | Die Maschine ist sehr einfach zu benutzen. |
| **difficult** ['dɪfɪkəlt] *adj syn:* hard, *opp:* easy | **schwierig, schwer** |
| I found the book **difficult** to understand. | Ich fand das Buch sehr schwer zu verstehen. |
| **strange** [streɪndʒ] *adj, syn:* funny, odd, *opp:* normal | **seltsam, eigenartig, merkwürdig** |
| I like Roger, but he can sometimes be a little **strange**. | Ich mag Roger, aber er kann manchmal ein bisschen seltsam sein. |
| **too** [tuː] *adv* | **zu** |
| I don't like Bob – he's far **too** aggressive. | Ich mag Bob nicht. Er ist viel zu aggressiv. |

---

| | |
|---|---|
| **let** [let] *v/aux* ⚠ **let** [let] **let** [let] | **lassen** |
| **Let** me have a look at it. | Lass mich mal einen Blick darauf werfen. |
| I always **let** my cat out at night. | Ich lasse meine Katze nachts immer hinaus. |
| **allow** [ə'laʊ] *v/t syn:* permit, *opp:* forbid, prohibit | **erlauben, gestatten, zulassen** |
| Smoking is not **allowed** here. | Das Rauchen ist hier nicht gestattet. |
| **be allowed to** [bɪ ə'laʊd tə] *syn:* be permitted to | **dürfen, erlaubt, gestattet sein** |
| Children **are** not **allowed to** play on the lawn. | Kinder dürfen nicht auf dem Rasen spielen. |
| **tell** [tel] *v/t syn:* order, *opp:* ask ⚠ **told** [təʊld], **told** [təʊld] | **sagen, befehlen, Anweisung geben** |
| Susie **told** me to leave the house. | Susie sagte mir, dass ich das Haus verlassen sollte. |
| **order** ['ɔːdə] *n, v/t syn:* command | **Befehl** *m*, **Anweisung** *f*, **befehlen**, **anordnen** |
| The officer gave the **order** to attack. | Der Offizier gab den Befehl, anzugreifen. |

**want** [wɒnt] *v/t* — **wollen, (sich) wünschen**
I **want** something to eat – I'm hungry! — Ich will irgendetwas essen. Ich habe Hunger!
My son **wants** a bike for his birthday. — Mein Sohn wünscht sich ein Fahrrad zum Geburtstag.

**ask** [ɑːsk] *v/t opp:* tell — **bitten**
He always **asks** for help again and again. — Er bittet immer wieder um Hilfe.
I never **ask** you for anything! — Ich bitte dich nie um etwas.

---

**Hello!** [hə'ləʊ] — **Guten Tag!, Hallo!** *(die üblichste Begrüßung)*

**Hi!** [haɪ] — **Hallo!, Grüß dich!** *(zwanglos)*

**Good morning!** [gʊd'mɔːnɪŋ] — **Guten Morgen!, Guten Tag!**
**Good afternoon!** [gʊdˌɑːftə'nuːn] — **Guten Tag!** *(höflich)*

**Good evening!** [gʊd'iːvnɪŋ] — **Guten Abend!** *(höflich)*

**Good night!** [gʊd'naɪt] — **Gute Nacht!**

**Goodbye!** [gʊd'baɪ] — **Auf Wiedersehen!, Auf Wiederhören!**

**Bye!, Bye-bye!** [baɪ, ˌbaɪ 'baɪ] — **Auf Wiedersehen!, Tschüs!** *(zwanglos)*

**Miss** [mɪs] — **Fräulein** *n*, **Frl.**, **Frau** *f* *(meist unverheiratet)*
**Miss** Stewart was my favourite teacher when I was still at school. — Miss Stewart war meine Lieblingslehrerin, als ich noch in der Schule war.

**Mrs, Mrs.** ['mɪsɪz] — **Frau** *f (verheiratet)*
**Mrs** Harris is on the phone. — Mrs Harris ist am Apparat.

**Mr, Mr.** ['mɪstə] — **Herr** *m*
I'm sorry, but **Mr** Davis is on holiday. — Es tut mir Leid. Mr Davis ist im Urlaub.

ⓘ Im britischen Englisch wird meist ***Mr*** und ***Mrs***, also ohne Punkt geschrieben.

| | |
|---|---|
| **madam** ['mædəm]<br>Can I help you, **madam**? | **gnädige Frau**<br>Kann ich Ihnen helfen, (gnädige Frau)? |
| **sir** [sɜː]<br>Thank you, **sir**. Goodbye. | **Sir, „mein Herr“**<br>Vielen Dank, (Sir). Auf Wiedersehen. |

| | |
|---|---|
| **How are you?** | **Wie geht es dir/euch/Ihnen?** |
| **I'm fine, thanks.** | **Danke, gut.** |
| **And how are you?** | **Und wie geht es dir/euch/Ihnen?** |
| **Excuse me!** | **Entschuldigen Sie!** |
| **(I'm) sorry.** | **Entschuldigung!,**<br>**Es tut mir Leid.** |
| **Sorry?** | **Entschuldigung?, Wie bitte?** |
| **Pardon?** ['pɑːdn] | **Entschuldigung?, Wie bitte?** |
| **Thank you.** | **Danke (schön)!** |
| **Thank you very much.** | **Vielen/Herzlichen Dank!** |
| **Thanks (a lot).** | **Vielen Dank.** |
| **Not at all** (⚠ *nicht:* ***please***). | **Bitte, keine Ursache.** |
| **You're welcome.** | **Bitte (, gern geschehen).** |
| **That's all right.** | **Bitte.** *(zwanglos)* |

ⓘ Als Antwort auf ein Dankeschön kann man nicht ***please*** sagen. ***Please*** wird nur bei Bitten und Aufforderungen gebraucht, z.B. ***Quiet, please!*** (Ruhe, bitte!).

| | |
|---|---|
| **Come in!** | **Herein!** |
| **Have a seat.** | **Bitte nehmen Sie Platz.** |
| **I'd like (to) ...** | **Ich möchte ...** |

**Could I please ...?** — **Kann ich bitte ...?**

**Would you please ...?** — **Würden Sie bitte ...?**

**How much is/are ...?** — **Was kostet/kosten ...?**

**Help yourself!** — **Bedienen Sie sich!**

**Would you like (to) ...?** — **Möchtest du/ Möchtet ihr/Möchten Sie ...?**

**Yes, please.** — **Ja, bitte.**

**No, thank you.** — **Nein, danke.**

**I think so.** — **Ich glaube (,ja).**

**I hope so.** — **Ich hoffe (es).**

**What's the matter?** — **Was ist los?**

**Well!** — **Nun (ja)!, Also!**

**Never mind.** — **Schon gut. Mach dir nichts daraus!**

**All right/O.k.!** — **In Ordnung!, Alles klar!**

## DER MENSCH UND DIE GESELLSCHAFT

**call** [kɔːl] *v/t* — **nennen**
What do you **call** your hamster? — Wie nennst du deinen Hamster?

**be called** [bɪ 'kɔːld] — **heißen, genannt werden**
He'**s called** Speedy, because he's so fast! — Er heißt Speedy, weil er so schnell ist!

**name** [neɪm] *n* — **Name** *m*
What's Ginger's real **name**? — Wie ist Gingers richtiger Name?

**family name** ['fæməlɪ neɪm] *syn:* surname — **Familienname** *m*, **Zuname** *m*
Barbara's **family name** is Harley. — Barbaras Familienname ist Harley.

| | |
|---|---|
| **age** [eɪdʒ] *n* | **Alter** *m* |
| Larry started to learn Italian at the **age** of forty. | Im Alter von vierzig Jahren fing Larry an, Italienisch zu lernen. |
| **baby** ['beɪbɪ] *n* | **Baby** *n*, **Säugling** *m* |
| We have to get used to having a **baby** in the house | Wir müssen uns daran gewöhnen, ein Baby im Haus zu haben. |
| **child** [tʃaɪld] *n opp:* adult ⚠ *pl* **children** ['tʃɪldrən] | **Kind** *n* |
| They've got six **children** – five boys and a girl. | Sie haben sechs Kinder: fünf Buben und ein Mädchen. |
| **girl** [gɜːl] *n opp:* boy | **Mädchen** *n* |
| Lisa had curly hair when she was a little **girl**. | Als Lisa ein kleines Mädchen war, hatte sie lockige Haare. |
| **boy** [bɔɪ] *n opp:* girl | **Junge** *m* |
| My daughter is only interested in **boys**! | Meine Tochter interessiert sich nur für Jungen! |
| **youth** [juːθ] *n opp:* old age | **Jugend** *f* |
| I played rugby in my **youth**. | In meiner Jugend habe ich Rugby gespielt. |
| **woman** ['wʊmən] *n opp:* man ⚠ *pl* **women** ['wɪmɪn] | **Frau** *f* |
| The **woman** in the black dress is my girlfriend. | Die Frau im schwarzen Kleid ist meine Freundin. |
| **man** [mæn] *n opp:* woman ⚠ *pl* **men** [men] | **Mann** *m* |
| Kevin looks like a **man** but he's only sixteen. | Kevin sieht aus wie ein Mann, aber er ist erst sechzehn. |
| **lady** ['leɪdɪ] *n opp:* gentleman | **Dame** *f* |
| That little old **lady** is my mother! | Diese kleine alte Dame ist meine Mutter! |
| **gentleman** ['dʒentlmən] *n opp:* lady ⚠ *pl* **gentlemen** ['dʒentlmən] | **Herr** *m* |
| Would you serve that **gentleman**, please? | Würden Sie bitte den Herrn bedienen? |

---

| | |
|---|---|
| **family** ['fæməlɪ] *n* | **Familie** *f* |
| Rick visits his **family** in England twice a year. | Rick besucht zweimal im Jahr seine Familie in England. |

ⓘ ***Family*** gehört wie auch ***government, staff, team*** usw. zu denjenigen Wörtern, die – vor allem im britischen Englisch – als Singular oder Plural verwendet werden, z.B. ***The team is/are playing well*** (Die Mannschaft spielt gut).

**parents** ['peərənts] *pl opp:* children — **Eltern** *pl*
My **parents** live on the coast. — Meine Eltern wohnen an der Küste.

**mother** ['mʌðə] *n opp:* father — **Mutter** *f*
My **mother** left us when I was five. — Meine Mutter hat uns verlassen, als ich fünf war.

**father** ['fɑːðə] *n opp:* mother — **Vater** *m*
Helen's **father** died last week. He was only fifty. — Helens Vater ist letzte Woche gestorben. Er war erst fünfzig.

**daughter** ['dɔːtə] *f opp:* son — **Tochter** *f*
Sara's **daughter** looks just like her, doesn't she? — Saras Tochter sieht ihr sehr ähnlich, nicht wahr?

**son** [sʌn] *n opp:* daughter — **Sohn** *m*
He has a daughter and two **sons**. — Er hat eine Tochter und zwei Söhne.

**brother** ['brʌðə] *n opp:* sister — **Bruder** *m*
My **brother** is five years older than me. — Mein Bruder ist fünf Jahre älter als ich.

**sister** ['sɪstə] *n opp:* brother — **Schwester** *f*
She has got a twin **sister**. — Sie hat eine Zwillingsschwester.

ⓘ Geschwister wird durch ***brothers and sisters*** ausgedrückt, z.B. ***Do you have any brothers or sisters?*** (Haben Sie noch Geschwister?)

**aunt** [ɑːnt] *n opp:* uncle — **Tante** *f*
I call her '**aunt**', but she isn't really my mother's sister. — Ich nenne sie ‚Tante', aber eigentlich ist sie nicht die Schwester meiner Mutter.

**uncle** ['ʌŋkl] *n opp:* aunt — **Onkel** *m*
My **uncle** and aunt are divorced. — Meine Tante und mein Onkel sind geschieden.

**cousin** ['kʌzn] *n* — **Cousin** *m*, **Cousine** *f*
My uncle, aunt and **cousins** live in Australia. — Mein Onkel, meine Tante und meine Cousinen leben in Australien.

| | |
|---|---|
| **grandparents** ['græn,peərənts] *pl opp:* grandchildren | **Großeltern** *pl* |
| My **grandparents** died when my father was young. | Meine Großeltern starben, als mein Vater jung war. |
| **grandfather** ['græn,fɑːðə] | **Großvater** *m* |
| **grandpa** ['grænpɑː] | **Opa** *m* |
| **grandmother** ['græn,mʌðə] | **Großmutter** *f* |
| **grandma** ['grænmɑː] | **Oma** *f* |
| **grandchild** ['græntʃaɪld] | **Enkel(kind** *n)* *m* |
| **grandson** ['grænsʌn] | **Enkel(sohn)** *m* |
| **granddaughter** ['græn,dɔːtə] | **Enkeltochter**, **Enkelin** *f* |
| **engaged** [ɪn'geɪdʒd] *adj* | **verlobt** |
| We were **engaged** for a year before we got married. | Wir waren ein Jahr lang verlobt, bevor wir heirateten. |
| **married** ['mærɪd] *adj opp:* unmarried, single | **verheiratet** |
| Anne was **married**, but now she's divorced. | Anne war verheiratet, aber jetzt ist sie geschieden. |
| **wife** [waɪf] *n opp:* husband ⚠ *pl* **wives** [waɪvz] | **(Ehe)Frau** *f* |
| David's **wife** is twelve years younger than him. | Davids Frau ist zwölf Jahre jünger als er. |
| **husband** ['hʌzbənd] *n opp:* wife | **(Ehe)Mann** *m* |
| I heard that Hayley's **husband** lives with another woman. | Ich habe gehört, dass Hayleys Mann mit einer anderen Frau zusammenlebt. |

---

| | |
|---|---|
| **private** ['praɪvɪt] *adj syn:* personal, *opp:* public | **privat, Privat...** |
| I'd like to talk to you about a **private** matter. | Ich möchte mit dir über eine Privatsache reden. |
| **public** ['pʌblɪk] *adj opp:* private | **öffentlich** |
| You can't walk along here – this isn't a **public** footpath! | Hier dürfen Sie nicht entlanggehen. Es ist kein öffentlicher Fußweg! |

| | |
|---|---|
| **public** ['pʌblɪk] *n* | **Öffentlichkeit** *f* |
| We shouldn't meet in **public**. | Wir sollten uns nicht in der Öffentlichkeit treffen. |
| **people** ['piːpl] *pl* | **Menschen, Leute, Einwohner** |
| A lot of famous **people** were at the wedding. *(! nicht: peoples)* | Viele berühmte Leute waren auf der Hochzeit. |

In den Bedeutungen Menschen, Leute, Einwohner steht ***people*** immer im Plural ohne ***s.***

| | |
|---|---|
| **society** [sə'saɪətɪ] *n* | **Gesellschaft** *f* |
| These delinquent kids are a danger to **society**! | Diese kriminellen Kinder sind eine Gefahr für die Gesellschaft! |
| **common** ['kɒmən] *adj opp:* different | **gemeinsam** |
| They love each other although they have nothing in **common**. | Sie lieben sich, obwohl sie nichts gemeinsam haben. |
| **company** ['kʌmpənɪ] *n* | **Gesellschaft** *f* |
| I feel safe in George's **company**. | Ich fühle mich in Georges Gesellschaft sicher. |
| **member** ['membə] *n* | **Mitglied** *n* |
| Our chess club is looking for new **members**. | Unser Schachklub sucht neue Mitglieder. |
| **fellow** ['feləʊ] *n, syn:* guy | **Kerl** *m*, **Typ** *m* |
| Jane's husband is a strange **fellow**. | Janes Mann ist ein seltsamer Kerl. |
| **neighbour** ['neɪbə] *n* | **Nachbar** *m*, **Nachbarin** *f* |
| My **neighbour** is moving next week. | Mein Nachbar zieht nächste Woche um. |
| **friend** [frend] *n opp:* enemy | **Freund** *m*, **Freundin** *f*, **Bekannte(r)** |
| It's not what you think – we're just good **friends**! | Es ist nicht, was du denkst. Wir sind nur gute Freunde! |

Als ***friends*** werden meist auch Bekannte bezeichnet, obwohl es dafür das Wort ***acquaintance*** [ə'kweɪntəns] gibt.

| | |
|---|---|
| **stranger** ['streɪndʒə] *n* | **Fremde(r), Fremdling** *m* |
| Come straight home and don't talk to any **strangers**! | Komm gleich nach Hause und sprich nicht mit Fremden! |

| | |
|---|---|
| **enemy** ['enəmɪ] *n opp:* friend | **Feind** *m*, **Feindin** *f* |
| Do you know if the victim had any **enemies**? | Wissen Sie, ob das Opfer irgendwelche Feinde hatte? |

Im Gegensatz zum Deutschen steht vor Berufsbezeichnungen fast immer der unbestimmte Artikel ***a(n)***, z.B. ***My aunt is a doctor*** (Meine Tante ist Ärztin), ***I want to be an engineer*** (Ich will Ingenieur werden).

| | |
|---|---|
| **worker** ['wɜːkə] *n* | **Arbeiter** *m*, **Arbeiterin** *f* |
| The factory **workers** went on strike. | Die Fabrikarbeiter traten in den Streik. |
| **farmer** ['fɑːmə] *n* | **Bauer** *m*, **Bäuerin** *f*, **Landwirt(in)** |
| I always buy vegetables from the **farmer** in our village. | Ich kaufe Gemüse immer beim Bauern in unserem Dorf. |
| **baker** ['beɪkə] *n* | **Bäcker** *m* |
| The **baker's** near my office has the best bread in the whole town. | Der Bäcker in der Nähe von meinem Büro hat das beste Brot in der ganzen Stadt. |
| **butcher** ['bʊtʃə] *n* | **Fleischer** *m*, **Metzger** *m*, **Schlachter** *m* |
| I must buy some sausages at the **butcher's**. | Ich muss ein paar Würstchen beim Metzger kaufen. |
| **cook** [kʊk] *n syn:* chef | **Koch** *m*, **Köchin** *f* |
| The **cook** at this restaurant is famous for his fish soup. | Der Koch dieses Restaurants ist bekannt für seine Fischsuppe. |

| | |
|---|---|
| **poor** [pʊə] *adj opp:* rich, wealthy | **arm** |
| John was so **poor** that he had to beg for money. | John war so arm, dass er um Geld betteln musste. |
| **rich** [rɪtʃ] *adj syn:* wealthy, *opp:* poor | **reich** |
| After Jo won the lottery she was a **rich** woman. | Nachdem Jo in der Lotterie gewonnen hatte, war sie eine reiche Frau. |
| **serve** [sɜːv] *v/t* | **dienen** |
| Steve **served** in the army for ten years. | Steve diente zehn Jahre lang bei der Armee. |

**service** ['sɜːvɪs] *n* — **Dienst** *m*

There is a special **service** for regular customers. — Es gibt einen Spezialdienst für Stammkunden.

**living** ['lɪvɪŋ] *n* — **Lebensunterhalt** *m*

Janet earns her **living** making dolls. — Janet verdient ihren Lebensunterhalt mit Puppenmachen.

**own** [əʊn] *adj, pron* — **eigene(r, -s)**

Celia is her **own** boss. — Celia ist ihre eigene Chefin.

My son has got a car of his **own**. *(⚠ nicht: an own car)* — Mein Sohn hat ein eigenes Auto.

**master** ['mɑːstə] *n* — **Herr** *m*

I like this sort of work because I am my own **master**. — Ich mag diese Art Arbeit, weil ich mein eigener Herr bin.

---

**social** ['səʊʃl] *adj* — **sozial, Sozial..., gesellschaftlich, Gesellschafts...**

There are a lot of **social** problems in this part of the city. — Es gibt viele soziale Probleme in diesem Stadtviertel.

**custom** ['kʌstəm] *n syn:* tradition — **Brauch** *m*, **Sitte** *f*

England is a country full of old traditions and **customs**. — England ist ein Land voller alter Traditionen und Bräuche.

**neighbourhood**, *Am* **neighborhood** ['neɪbəhʊd] *n* — **(Wohn)Gegend** *f*, **Wohngebiet** *n*, **Nachbarschaft** *f*

There are a lot of dogs in our **neighbourhood.** — Es gibt viele Hunde in unserer Nachbarschaft.

**meet** [miːt] *v/t, v/i* ⚠ **met** [met], **met** [met] — **(sich) treffen, kennen lernen**

Let's **meet** at eight o'clock in front of the cinema. *(⚠ nicht: ...meet us)* — Treffen wir uns um acht Uhr vor dem Kino.

I **meet** a lot of people as a teacher. — Als Lehrer lerne ich viele Leute kennen.

**meeting** ['miːtɪŋ] *n* — **Sitzung** *f*, **Versammlung** *f*, **Treffen** *n*

There is a **meeting** for club members on Thursday. — Am Donnerstag ist eine Versammlung für Vereinsmitglieder.

**date** [deɪt] *n*
I can't come this evening – I've already got a **date**.

**Verabredung** *f*
Ich kann heute Abend nicht kommen. Ich habe schon eine Verabredung.

**invite** [ɪn'vaɪt] *v/t*
We'd like to **invite** you to our party on Saturday.

**einladen**
Wir möchten euch zu unserem Fest am Samstag einladen.

**go and see** [ˌgəʊ ən 'siː] *syn:* visit
I want to **go and see** Julie this evening.

**besuchen**
Ich möchte Julie heute Abend besuchen.

**visit** ['vɪzɪt] *n, v/t*
Paul **visited** his wife in hospital yesterday.

**Besuch** *m*, **besuchen**
Gestern besuchte Paul seine Frau im Krankenhaus.

**guest** [gest] *n syn:* visitor, *opp:* host
There were about 100 **guests** at the party.

**Gast** *m*
Es waren ungefähr 100 Gäste auf dem Fest.

**show** [ʃəʊ] *v/t*
Gerry **showed** me around the house.
Could you **show** me my room, please?

**führen, zeigen**
Gerry führte mich durch das Haus.
Könnten Sie mir bitte mein Zimmer zeigen?

**party** ['pɑːtɪ] *n*
I wasn't invited to Pauline's **party.**

**Party** *f*, **Feier** *f*, **Fete** *f*
Ich wurde nicht zu Paulines Party eingeladen.

**congratulations** [kənˌgrætʃʊ'leɪʃnz] *pl*
I heard about your new job. **Congratulations**!

**Glückwunsch** *m*, **Glückwünsche** *pl*
Ich habe von Ihrer neuen Stellung gehört. Herzlichen Glückwunsch!

**present** ['preznt] *n syn:* gift
Liam got a lot of **presents** for his birthday.

**Geschenk** *n*
An seinem Geburtstag bekam Liam viele Geschenke.

**gift** [gɪft] *n syn:* present
Tom put the **gifts** under the Christmas tree.

**Geschenk** *n*
Tom legte die Geschenke unter den Weihnachtsbaum.

# SCHICKSAL UND ZUFALL

**happen** ['hæpən] *v/i syn:* occur — **geschehen, passieren**
What's **happened**? You look awful! — Was ist passiert? Du siehst furchtbar aus.

**safe** [seɪf] *adj opp:* dangerous — **sicher**
I don't feel **safe** when Mark drives. — Wenn Mark fährt, fühle ich mich nicht sicher.

**safety** ['seɪftɪ] *n opp:* danger — **Sicherheit** *f*
Dan reached the boat and was in **safety**. — Dan erreichte das Boot und war in Sicherheit.

**luck** [lʌk] *n opp:* bad luck — **Glück** *n*
I had no **luck** playing cards yesterday. — Ich hatte gestern kein Glück beim Kartenspiel.

ⓘ ***Luck*** bezeichnet das Glück (Gegenteil: Pech), das jemand hat oder das etwas bringt. ***Happiness*** drückt aus, dass jemand glücklich (und zufrieden) ist.

**be lucky** [bɪ'lʌkɪ] *syn:* be fortunate, *opp:* be unlucky — **Glück haben**
They **were lucky** to survive the fire. — Sie hatten Glück, das Feuer zu überleben.

**save** [seɪv] *v/t* — **retten**
The fireman **saved** them from the flames. — Der Feuerwehrmann rettete sie vor den Flammen.

**success** [sək'ses] *n opp:* failure — **Erfolg** *m*
The group's first CD was a great **success**. — Die erste CD der Gruppe war ein großer Erfolg.

**successful** [sək'sesfl] *adj* — **erfolgreich**
You look happy! Did you have a **successful** day? — Du siehst glücklich aus! Hast du einen erfolgreichen Tag gehabt?

**succeed** [sək'siːd] *v/i opp:* fail — **Erfolg haben, erfolgreich sein, gelingen, es schaffen**
If you want to **succeed**, you have to work hard. — Du musst hart arbeiten, wenn du Erfolg haben willst.

**famous** ['feɪməs] *adj* — **berühmt**
I want to become rich and **famous**! — Ich will reich und berühmt werden!

**trouble** ['trʌbl] *n syn:* difficulty, problem(s)
It was a terrible day. Nothing but **trouble**!

**Schwierigkeit(en), Problem(e), Ärger** *m*
Es war ein fürchterlicher Tag. Nichts als Ärger!

**danger** ['deɪndʒə] *n syn:* risk, *opp:* safety
There is the constant **danger** of war in this region.

**Gefahr** *f*
In diesem Gebiet ist der Krieg eine ständige Gefahr.

**dangerous** ['deɪndʒərəs] *adj syn:* risky, *opp:* safe
Come down! It's **dangerous** up there!

**gefährlich**
Komm herunter! Es ist gefährlich da oben!

**lose** [luːz] *v/i, v/t opp:* find, win ⚠ **lost** [lɒst], **lost** [lɒst]
Del **lost** all his money gambling.

**verlieren**
Del hat sein ganzes Geld beim Glücksspiel verloren.

**fire** ['faɪə] *n*
The **fire** was started by a burning cigarette.

**Brand** *m*, **Feuer** *n*
Der Brand wurde durch eine brennende Zigarette ausgelöst.

## DER MENSCH UND SEIN ZUHAUSE

**house** [haʊs] *n syn:* home
They've got a **house** with a small garden.

**Haus** *n*
Sie haben ein Haus mit einem kleinen Garten.

**build** [bɪld] *v/t* ⚠ **built** [bɪlt], **built** [bɪlt]
I'd like to **build** my own house one day.

**bauen**
Eines Tages möchte ich mein eigenes Haus bauen.

**home** [həʊm] *n syn:* house
Welcome to our new **home**!

**Heim** *n*, **Haus** *n*
Willkommen in unserem neuen Heim!

**home** [həʊm] *adv*
Tom wants to go **home** – he's tired.

**nach Hause, heim**
Tom will heim – er ist müde.

**live** [lɪv] *v/i*
I wouldn't like to **live** in this area!

**wohnen, leben**
Ich möchte nicht in dieser Gegend wohnen!

**at home** [ət 'həʊm] — **zu Hause, daheim**
Make yourself **at home**! — Fühlen Sie sich wie zu Hause!

**flat** [flæt] *n syn:* apartment *(Am)* — **Wohnung** *f*
Nicola's got a modern **flat** in the centre of town. — Nicola hat eine moderne Wohnung im Zentrum.

*Am* **apartment** [ə'pɑːtmənt] *n syn:* flat *(Brit)* — **Wohnung** *f*
**Apartments** in San Francisco are expensive. — Wohnungen in San Francisco sind teuer.

ⓘ ***Apartment*** entspricht nicht deutsch Appartement (= Einzimmerwohnung). Dieses wird ***studio, studio flat*** *(Brit)* oder ***studio apartment*** *(Am)* genannt.

**floor** [flɔː] *n syn:* storey, *Am* story — **Stockwerk** *n*, **Stock** *m*, **Etage** *f*, **Geschoss** *n*
The living room is on the first *(Am* second) **floor.** — Das Wohnzimmer ist im ersten Stock.

ⓘ Im britischen Englisch entspricht ***first floor*** dem 1. Stock usw. In Amerika dagegen heißt das Erdgeschoss ***first floor*** und entsprechend der 1. Stock ***second floor*** usw.

**room** [ruːm] *n* — **Zimmer** *n*, **Raum** *m*
It's a small house with only three **rooms**. — Es ist ein kleines Haus mit nur drei Zimmern.

**living room** ['lɪvɪŋ ruːm] *n syn:* sitting room *(Brit)*, lounge *(Brit)* — **Wohnzimmer** *n*
Rick's sitting on the sofa in the **living room**. — Rick sitzt im Wohnzimmer auf dem Sofa.

**bedroom** ['bedruːm] *n* — **Schlafzimmer** *n*
Sue's locked herself in the **bedroom**! — Sue hat sich im Schlafzimmer eingesperrt!

**kitchen** ['kɪtʃn] *n* — **Küche** *f*
Tony's doing the washing up in the **kitchen**. — Tony spült gerade in der Küche ab.

**bathroom** ['bɑːθruːm] *n* — **Bad** *n*, **Badezimmer** *n*, *Am auch* **Toilette** *f*
I'd like a **bathroom** with a shower, please. — Ich möchte bitte ein Badezimmer mit Dusche.

**toilet** ['tɔɪlɪt] *n syn:* bathroom *(Am)*, restroom *(Am)* — **Toilette** *f*

The **toilet** is next to the bathroom. — Die Toilette ist neben dem Badezimmer.

Im amerikanischen Englisch vermeidet man das Wort ***toilet.*** Man sagt meist ***bathroom*** oder – in öffentlichen Gebäuden – ***restroom(s).***

**hall** [hɔːl] *n* — **Diele** *f*, **Flur** *m*, **Treppenhaus** *n*

There's a telephone in the **hall**. — Das Telefon ist im Flur.

**cellar** ['selə] *n syn:* basement — **Keller** *m*

Damon's even got a wine **cellar**! — Damon hat sogar einen Weinkeller!

**roof** [ruːf] *n* — **Dach** *n*

Look up there! My cat's on the **roof**! — Schau da oben hin! Meine Katze ist auf dem Dach!

**wall** [wɔːl] *n* — **Wand** *f*, **Mauer** *f*

The **walls** in the living room are damp. — Die Wände im Wohnzimmer sind feucht.

The children always climb over the **wall** to fetch their ball. — Die Kinder klettern immer über die Mauer, um ihren Ball zu holen.

**floor** [flɔː] *n opp:* ceiling — **Boden** *m*, **Fußboden** *m*

Take your shoes off! I've just cleaned the **floor**! — Zieh die Schuhe aus! Ich habe gerade den Fußboden gewischt!

**window** ['wɪndəʊ] *n* — **Fenster** *n*

You can close the **window** if you're cold. — Du kannst das Fenster zumachen, wenn dir kalt ist.

**door** [dɔː] *n* — **Tür** *f*

Someone's knocking at the front **door**. — Jemand klopft an die Haustür.

**gate** [geɪt] *n* — **Tor** *n*

The dog ran away because the **gate** was open. — Der Hund ist weggerannt, weil das Tor offen stand.

**entrance** ['entrəns] *n opp:* exit — **Eingang** *m*

There are always taxis in front of the **entrance**. — Es stehen immer Taxis vorm Eingang.

**exit** ['eksɪt] *n opp:* entrance
Where's the **exit**? I must get out of here!

**Ausgang** *m*
Wo ist der Ausgang? Ich muss hier raus!

**stairs** [steəz] *pl*
Be careful! The **stairs** are very steep.

**Treppe** *f*
Sei vorsichtig! Die Treppe ist sehr steil.

**step** [step] *n*
I didn't see the **step** in the dark and tripped up.

**Stufe** *f*
Ich sah die Stufe bei der Dunkelheit nicht und stolperte.

*Brit* **lift** [lɪft] *n syn:* elevator *(Am)*
You can walk or take the **lift**.

**Fahrstuhl** *m,* **Lift** *m,* **Aufzug** *m*
Sie können laufen oder mit dem Aufzug fahren.

**light** [laɪt] *n*
Have you turned the **lights** in the living room out?

**Licht** *n,* **Lampe** *f*
Hast du die Lampen im Wohnzimmer ausgemacht?

**heating** ['hiːtɪŋ] *n*
It's cold! Something is wrong with the **heating**.

**Heizung** *f*
Es ist kalt! Irgendetwas stimmt nicht mit der Heizung.

**garden** ['gɑːdn] *n*
I wanted to work in the **garden** when it started raining.

**Garten** *m*
Ich wollte im Garten arbeiten, als es anfing zu regnen.

**garage** ['gærɑːʒ], *Am* [gə'rɑːʒ] *n*
We can't put the car in the **garage** because the bikes are in there.

**Garage** *f*
Wir können das Auto nicht in die Garage fahren, weil die Fahrräder darin stehen.

ⓘ Achtung, ***garage*** bezeichnet auch die Autowerkstatt, in England meist mit Tankstelle!

---

**furniture** ['fɜːnɪtʃə] *n*
Your living room looks different. Have you moved the **furniture**?

**Möbel** *pl*
Euer Wohnzimmer sieht anders aus. Habt ihr die Möbel umgestellt?

**table** ['teɪbl] *n*
We can't sit here. This **table** is reserved.

**Tisch** *m*
Wir können uns hier nicht hinsetzen. Der Tisch ist reserviert.

**desk** [desk] *n*
I must tidy my **desk** – I can't find anything!

**Schreibtisch** *m*
Ich muss meinen Schreibtisch aufräumen. Ich kann überhaupt nichts mehr finden!

**chair** [tʃeə] *n*
I sat down on the **chair** and it broke!

**Stuhl** *m*, **Sessel** *m*
Ich setzte mich auf den Stuhl, und er brach zusammen!

**bench** [bentʃ] *n*
My grandmother sits on the **bench** in the park all day and feeds the birds. → *bank*

**Bank** *f*
Den ganzen Tag sitzt meine Großmutter im Park auf der Bank und füttert die Vögel.

**bed** [bed] *n*
I'm going to **bed** – I have to get up early tomorrow.

**Bett** *n*
Ich gehe jetzt ins Bett. Ich muss morgen früh aufstehen.

**cupboard** ['kʌbəd] *n*
Could you fetch another cup from the **cupboard**?

**Schrank** *m*
Könntest du noch eine Tasse aus dem Schrank holen?

**leg** [leg] *n*
I want to buy that table with the curved **legs**.

**Bein** *n*
Ich will den Tisch mit den gebogenen Beinen kaufen.

**comfortable** ['kʌmfətəbl] *adj*
*opp:* uncomfortable
This sofa is so **comfortable** I could sleep on it.

**bequem**, **gemütlich**, **angenehm**
Dieses Sofa ist so bequem, dass ich darauf schlafen könnte.

---

**thing** [θɪŋ] *n*
I have to get a few **things** at the supermarket.

**Ding** *n*, **Sache** *f*
Ich muss im Supermarkt ein paar Sachen besorgen.

ℹ ***Thing*** bleibt im Deutschen oft unübersetzt, z.B. ***the good thing about it*** (= das Gute daran), ***all sorts of things*** (= alles Mögliche).

**box** [bɒks] *n*
I'd like a **box** of matches, please.
When Sandra moved in, the flat was full of **boxes**.

**Schachtel** *f*, **Karton** *m*, **Kasten** *m*, **Kiste** *f*
Ich möchte eine Schachtel Streichhölzer, bitte.
Als Sandra einzog, war die Wohnung voller Kartons.

**bag** [bæg] *n* — **Tasche** *f*, **Tüte** *f*, **Beutel** *m*

I always forget to take a **bag** with me when I go shopping.
Ich vergesse immer, eine Tasche mitzunehmen, wenn ich zum Einkaufen gehe.

**basket** ['bɑːskɪt] *n* — **Korb** *m*

My **basket** is too small for all these things.
Mein Korb ist zu klein für alle diese Sachen.

**handbag** ['hændbæg] *n syn:* purse *(Am)* — **Handtasche** *f*

My **handbag** was empty when I found it.
Meine Handtasche war leer, als ich sie fand.

**key** [kiː] *n* — **Schlüssel** *m*

I've forgotten my **key**! How are we going to get into the flat?
Ich habe den Schlüssel vergessen! Wie kommen wir in die Wohnung?

**pen** [pen] *n* — **Kugelschreiber** *m*, **Füller** *m*, **(Schreib)Stift** *m*

I prefer writing letters with a **pen**.
Ich schreibe Briefe lieber mit einem Füller.

**pencil** ['pensl] *n* — **Bleistift** *m*

If you use a **pencil**, you can rub it out afterwards.
Wenn du einen Bleistift verwendest, kannst du es danach ausradieren.

**card** [kɑːd] *n* — **Karte** *f*

I forgot to send Barbara a **card** this year.
Dieses Jahr habe ich vergessen, Barbara eine Karte zu schicken.

They get together to play **cards** every Friday night.
Jeden Freitag Abend treffen sie sich, um Karten zu spielen.

**handkerchief** ['hæŋkətʃɪf] *n* — **Taschentuch** *n*

Tim had a white **handkerchief** in the top pocket of his jacket.
Tim hatte ein weißes Taschentuch in der Brusttasche seiner Jacke.

**match** [mætʃ] *n* — **Zündholz** *n*, **Streichholz** *n*

Andy lit the candle with a **match** and turned the light off.
Andy zündete die Kerze mit einem Streichholz an und machte das Licht aus.

**string** [strɪŋ] *n*
The parcel was tied up with **string.**

**Schnur** *f*, **Bindfaden** *m*
Das Packet war mit einem Bindfaden zugeschnürt.

**chain** [tʃeɪn] *n*
I was cycling up the hill when the **chain** broke.

**Kette** *f*
Ich fuhr mit dem Rad den Berg hinauf, als die Kette riss.

**pin** [pɪn] *n*
Penny pricked her finger with a **pin**.

**(Steck)Nadel** *f*
Penny stach sich mit einer Nadel in den Finger.

**scissors** ['sɪzəz] *pl*
These **scissors** are blunt! They won't cut at all!

**Schere** *f*
Diese Schere ist stumpf! Sie schneidet überhaupt nicht!

ⓘ Eine Schere heißt ***a pair of scissors.***

**mirror** ['mɪrə] *n*
I looked at myself in the **mirror** and was shocked!

**Spiegel** *m*
Ich sah mich im Spiegel an, und war schockiert!

**bell** [bel] *n*
As I live near the church, I hear the **bells** every day.

Was that the **bell**? I think there's someone at the door.

**Klingel** *f*, **Glocke** *f*
Da ich in der Nähe der Kirche wohne, höre ich jeden Tag die Glocken.
War das die Klingel? Ich glaube, jemand ist an der Tür.

**clock** [klɒk] *n*
The **clock**'s stopped – I'll wind it up.

**Uhr** *f*
Die Uhr ist stehengeblieben. Ich werde sie aufziehen.

**hand** [hænd] *n*
The **hands** of the clock didn't seem to move. When would Ricardo phone?

**(Uhr)Zeiger** *m*
Es schien, als ob sich die Uhrzeiger nicht bewegten. Wann würde Ricardo anrufen?

**toy** [tɔɪ] *n*
Go into your room and play with your new **toys**!

**Spielzeug** *n*
Geh in dein Zimmer und spiel mit deinem neuen Spielzeug!

---

**clean** [kliːn] *adj, v/t opp:* dirty

**sauber, putzen, säubern, reinigen**

You should **clean** your shoes before you go for your interview.

Du solltest deine Schuhe putzen, bevor du zu deinem Vorstellungsgespräch gehst.

Let me see if your hands are **clean** before you start eating.

Lass mich mal sehen, ob deine Hände sauber sind, bevor du anfängst, zu essen.

**dirty** ['dɜːtɪ] *adj opp:* clean

I've just cleaned the floor and now it's **dirty** again!

**schmutzig, dreckig**

Ich habe gerade den Boden gewischt, und jetzt ist er schon wieder dreckig!

**spot** [spɒt] *n syn:* stain

Oh no! Now I've got a **spot** on my white shirt!

**Fleck(en)** *m*

Oh je! Jetzt habe ich einen Fleck auf meinem weißen Hemd!

**wash** [wɒʃ] *v/t*

**Wash** your face, brush your teeth and go to bed!

**(sich) waschen**

Wasch dir das Gesicht, putz dir die Zähne und geh ins Bett!

## KLEIDUNG UND SCHMUCK

**clothes** [kləʊz] *pl*

I always had to wear my sister's old **clothes**.

**Kleidung** *f*, **Kleider** *pl*

Ich musste immer die alten Kleider meiner Schwester tragen.

ⓘ ***Clothes*** wird oft falsch gesprochen. Es hat nur eine Silbe und wird am besten wie das Verb ***close*** ausgesprochen.

**fashion** ['fæʃn] *n*

Mini-skirts always come back into **fashion**.

**Mode** *f*

Mini-Röcke sind immer wieder in Mode.

**wear** [weə] *v/t syn:* have on ⚠ **wore** [wɔː], **worn** [wɔːn]

When it's cold I **wear** my warm underwear.

**tragen, anhaben**

Wenn es kalt ist, trage ich immer meine warme Unterwäsche.

**dress** [dres] *v/i*

John always **dresses** very elegantly.

While Christine was **dressing**, the phone rang.

**sich anziehen, sich kleiden**

John zieht sich immer sehr elegant an.

Als Christine sich anzog, klingelte das Telefon.

| | |
|---|---|
| **put on** [ˌpʊt ˈɒn] *v/t opp:* take off | **anziehen, aufsetzen** |
| I'm going to **put on** my red dress this evening. | Heute Abend ziehe ich mein rotes Kleid an. |
| **take off** [ˌteɪk ˈɒf] *opp:* put on | **ausziehen, abnehmen, ablegen** |
| Would you like to **take off** your coat? | Möchten Sie Ihren Mantel ablegen? |
| **fit** [fɪt] *v/t* | **passen** |
| These trousers don't **fit** any more. I must lose a bit of weight! | Diese Hose passt mir nicht mehr. Ich muss ein bisschen abnehmen! |
| **dress** [dres] *n* | **Kleid** *n* |
| Ruth looks slimmer in her new **dress**, doesn't she? | In ihrem neuen Kleid sieht Ruth viel schlanker aus, nicht wahr? |
| **coat** [kəʊt] *n* | **Mantel** *m*, **Jacke** *f* |
| Dianne's **coat** looks very expensive. Is it real mink? | Diannes Mantel sieht sehr teuer aus. Ist das ein echter Nerz? |
| **suit** [suːt] *n* | **Anzug** *m*, **(Damen)Kostüm** *n* |
| I haven't got a **suit** for the wedding yet. | Ich habe noch keinen Anzug für die Hochzeit. |
| My wife sometimes wears a **suit** at work. *(⚠ nicht: costume)* | Meine Frau trägt oft ein Kostüm in der Arbeit. |
| **jacket** [ˈdʒækɪt] *n syn:* coat | **Jacke** *f*, **Jackett** *n*, **Sakko** *n* |
| Is this **jacket** made of cotton? | Ist diese Jacke aus Baumwolle? |
| **trousers** [ˈtraʊzəz] *pl syn: (Am)* pants | **Hose** *f* |
| These **trousers** are too small, and the legs are too short. | Diese Hose ist zu klein, und die Beine sind zu kurz. |

ⓘ Eine Hose heißt ***a pair of trousers.***

| | |
|---|---|
| **pants** *Am* [pænts] *pl syn:* trousers | **Hose** *f* |
| Was Teresa wearing **pants** or a dress? | Trug Teresa eine Hose oder ein Kleid? |

**skirt** [skɜːt] *n*
You can't wear that **skirt** in church!

**Rock** *m*
Du kannst den Rock nicht in der Kirche tragen!

**shirt** [ʃɜːt] *n*
I wear short-sleeved **shirts** in summer.

**Hemd** *n*
Im Sommer trage ich kurzärmelige Hemden.

**pocket** ['pɒkɪt] *n*
Just a moment – I think I've got some change in my **pocket.**

**(Hosen-** *etc.)***Tasche** *f*
Moment mal – ich glaube, ich habe ein bisschen Kleingeld in meiner Hosentasche.

**button** ['bʌtn] *n*
I've lost a **button** on my jacket.

**Knopf** *m*
Ich habe einen Knopf an meiner Jacke verloren.

**hole** [həʊl] *n*
I lost my key as my pocket has a **hole** in it.

**Loch** *n*
Ich verlor meinen Schlüssel, weil meine Tasche ein Loch hat.

**shoe** [ʃuː] *n*
I'm sure that those **shoes** are bad for your feet.

**Schuh** *m*
Ich bin sicher, dass diese Schuhe schlecht für deine Füße sind.

**sock** [sɒk] *n*
My feet sweat when I wear nylon **socks**.

**Socke** *f*
Ich bekomme Schweißfüße, wenn ich Socken aus Nylon trage.

**hat** [hæt] *n*
The wind blew Graham's **hat** off his head.

**Hut** *m*, **Kopfbedeckung** *f*
Der Wind wehte Grahams Hut vom Kopf.

**cap** [kæp] *n*
My son wears his baseball **cap** back-to-front.

**Mütze** *f*, **Kappe** *f*
Mein Sohn trägt seine Baseballmütze falsch herum.

**glove** [glʌv] *n*
Although I was wearing **gloves** my fingers were cold.

**Handschuh** *m*
Obwohl ich Handschuhe trug, waren meine Finger kalt.

**watch** [wɒtʃ] *n*
What's the time? My **watch** has stopped.

**Uhr** *f*
Wie spät ist es? Meine Uhr ist stehen geblieben.

ⓘ ***Watch*** bezeichnet nur die Armband- oder Taschenuhr. Alle anderen Uhren nennt man ***clock.***

**ring** [rɪŋ] *n* — **Ring** *m*

Tessa was married but she didn't wear a **ring**. — Tessa war verheiratet aber sie trug keinen Ring.

## ARBEITSWELT

**factory** ['fæktərɪ] *n syn:* plant — **Fabrik** *f*

When the **factory** closed down 1,000 workers lost their jobs. — Als die Fabrik geschlossen wurde, verloren 1.000 Arbeiter ihre Arbeitsplätze.

**tool** [tuːl] *n* — **Werkzeug** *n*

I'll fetch my **tools** and then I can fit your taps. — Ich hole mein Werkzeug, und dann kann ich deine Wasserhähne montieren.

**repair** [rɪ'peə] *n, v/t opp:* damage — **Reparatur** *f*, **reparieren**

It will be more expensive to **repair** your computer than to buy a new one. — Es wird teurer sein, deinen Computer zu reparieren, als einen neuen zu kaufen.

What will the **repairs** cost? — Was werden die Reparaturen kosten?

---

**business** ['bɪznɪs] *n* — **Geschäft** *n*, **Wirtschaft** *f*, **Betrieb** *m*

They do good **business** with young people. — Sie machen gute Geschäfte mit jungen Leuten.

Neil's got his own **business**. — Neil hat seinen eigenen Betrieb.

**firm** [fɜːm] *n syn:* company — **Firma** *f*, **Betrieb** *m*

Sam left the **firm** after he got married. — Nachdem Sam heiratete, verließ er die Firma.

**company** ['kʌmpənɪ] *n syn:* firm — **Firma** *f*, **Gesellschaft** *f*

I wrote a letter of complaint to the **company**. — Ich schrieb einen Beschwerdebrief an die Firma.

**job** [dʒɒb] *n* — **(Arbeits)Stelle** *f*, **Arbeitsplatz** *m*, **Stellung** *f*

Mike had a good new **job** but he didn't get on very well with his colleagues. — Mike hatte eine gute neue Stelle, aber er verstand sich mit seinen Kollegen nicht sehr gut.

**unemployed** [ˌʌnɪmˈplɔɪd] *adj syn:* jobless, out of work — **arbeitslos**

Gordon worked for ten years at the factory, but now he's **unemployed**. — Gordon arbeitete zehn Jahre lang in der Fabrik, aber jetzt ist er arbeitslos.

**unemployment** [ˌʌnɪmˈplɔɪmənt] *n* — **Arbeitslosigkeit** *f*

**Unemployment** is getting worse and worse. — Die Arbeitslosigkeit wird immer schlimmer.

**pay** [peɪ] *n syn:* wages, salary — **Bezahlung** *f*, **Lohn** *m*

The **pay** isn't very good in my new job. — In meiner neuen Arbeit ist die Bezahlung nicht sehr gut.

*(⚠ nicht: payment)*

***Payment*** bezeichnet nur die (Einzel)Zahlung von Beträgen. Die Bezahlung (= Lohn) für Arbeit ist allgemein ***pay. Salary*** entspricht dem deutschen (Monats)Gehalt, ***wages*** dem (Wochen)Lohn. ***Income*** bezeichnet (regelmäßige) Einkünfte aller Art.

**wages** [ˈweɪdʒɪz] *pl* — **Lohn** *m*, **Löhne**

My father spent all his **wages** at the pub. — Mein Vater gab seinen ganzen Lohn in der Kneipe aus.

**busy** [ˈbɪzɪ] *adj* — **beschäftigt, belebt, voller Betrieb**

Hazel couldn't speak to me because she was **busy**. — Hazel konnte nicht mit mir reden, weil sie beschäftigt war.

**offer** [ˈɒfə] *n, v/t* — **Angebot** *n*, **(an)bieten**

They made me a reasonable **offer** which I accepted. — Sie machten mir ein vernünftiges Angebot, das ich annahm.

They **offered** me a job, but the pay was bad. — Sie haben mir Arbeit angeboten, aber die Bezahlung war schlecht.

**order** [ˈɔːdə] *n, v/t* — **Auftrag** *m*, **Bestellung** *f*, **bestellen**

They received hundreds of **orders** for the new book. — Sie erhielten Hunderte von Bestellungen für das neue Buch.

**sale** [seɪl] *n* — **Verkauf** *m*, **Ausverkauf** *m*, **Schlussverkauf** *m*

I bought this jacket in their winter **sale**. — Ich kaufte diese Jacke in ihrem Winterschlussverkauf.

The **sale** of electrical goods was very low last week. — Letzte Woche war der Verkauf von Elektrogeräten sehr schlecht.

ⓘ Zu verkaufen heißt im britischen Englisch ***for sale*** oder ***on sale.*** Im amerikanischen Englisch bedeutet ***on sale*** stets im Angebot, reduziert.

**goods** [gʊdz] *pl* — **Waren, Güter**

The **goods** will be delivered next week. — Die Waren werden nächste Woche geliefert.

---

**shop** [ʃɒp] *n syn:* store *(Am)* — **Geschäft** *n*, **Laden** *m*

I buy vegetables from the **shop** in King Street. — Ich kaufe Gemüse im Laden in der King Street.

ⓘ Obwohl man auch in Amerika das Wort ***shop*** für das (vor allem kleinere) Geschäft kennt, ist dort das übliche Wort ***store.*** In England wird ***store*** meist nur für sehr große Geschäfte, z.B. kurz für ***department store,*** gebraucht.

**department store** [dɪ'pɑːtmənt stɔː] *n* — **Kaufhaus** *n*, **Warenhaus** *n*

You can get everything at the **department store** in town. — Du kannst alles im Kaufhaus in der Stadt bekommen.

ⓘ ***Warehouse*** ['weəhaʊs] bezeichnet nicht etwa das Warenhaus, sondern das Lagerhaus.

**shopping** ['ʃɒpɪŋ] *n* — **Einkaufen** *n*, **Einkäufe** *pl*

I went **shopping**, but I forgot to buy any milk. — Ich war einkaufen, aber ich vergaß, Milch zu kaufen.

Can you carry the **shopping**? It's heavy. — Kannst du die Einkäufe tragen? Sie sind sehr schwer.

**buy** [baɪ] *v/t opp:* sell ⚠ **bought**[bɔːt], **bought** [bɔːt] — **kaufen**

I **bought** this watch yesterday, but it doesn't work. — Gestern habe ich diese Uhr gekauft, aber sie geht nicht.

**sell** [sel] *v/t opp:* buy ⚠ **sold** [səʊld], **sold** [səʊld] — **verkaufen**

This shop **sells** English cheese. — Dieser Laden verkauft englischen Käse.

# GELD

**money** ['mʌnɪ] *n* — **Geld** *n*

Can you lend me some **money**? I've forgotten my wallet. — Kannst du mir ein bisschen Geld leihen? Ich habe mein Portemonnaie vergessen.

**cash** [kæʃ] *n* — **Bargeld** *n*

They only take **cash**, no credit cards. — Sie nehmen nur Bargeld – keine Kreditkarten.

**pay** [peɪ] *v/i, v/t* ⚠ **paid** [peɪd], **paid** [peɪd] — **zahlen, bezahlen, begleichen**

Be careful! I **paid** a lot of money for that glass! — Sei vorsichtig! Ich habe viel Geld für dieses Glas bezahlt!

Do you know how much we have to **pay**? — Weißt du, wie viel wir bezahlen müssen?

**price** [praɪs] *n* — **Preis** *m*

**Prices** are lower than last week. — Die Preise sind niedriger als im letzten Monat.

**expensive** [ɪk'spensɪv] *adj opp:* cheap — **teuer**

I can't afford this printer – it's far too **expensive**. — Ich kann mir diesen Drucker nicht leisten – er ist viel zu teuer.

**cheap** [tʃiːp] *adj opp:* expensive — **billig, preiswert**

This discount supermarket is very **cheap**. — Dieser Discountsupermarkt ist sehr billig.

**earn** [ɜːn] *v/t syn:* make *opp:* spend — **verdienen**

Chris spends more than he **earns**! — Chris gibt mehr aus, als er verdient.

**spend** [spend] *v/t, v/i* ⚠ **spent** [spent], **spent** [spent] — **ausgeben**

Helen **spends** all her money on clothes. — Helen gibt ihr ganzes Geld für Kleider aus.

**save** [seɪv] *v/i, v/t opp:* spend — **sparen**

I try and **save** money, but everything is so expensive. — Ich versuche, Geld zu sparen, aber alles ist so teuer.

**cost** [kɒst] *n* — **Kosten** *pl*

The **cost** of living is incredibly high. — Die Lebenshaltungskosten sind unglaublich hoch.

| | |
|---|---|
| **cost** [kɒst] *v/t* ⚠ **cost** [kɒst], **cost** [kɒst] | **kosten** |
| That's very cheap – it only **costs** £3! | Das ist sehr billig – es kostet nur 3 Pfund! |
| **rent** [rent] *n, v/t* | **Miete** *f*, **mieten** |
| The flat is a bit small but the **rent** isn't high. | Die Wohnung ist ein bisschen klein, aber die Miete ist nicht hoch. |

ⓘ Vorsicht, ***rent*** bedeutet nicht Rente! Rente heißt ***old age pension.***

| | |
|---|---|
| **tax** [tæks] *n* | **Steuer** *f* |
| After **tax** there's not much money left! | Nach der Steuer bleibt nicht sehr viel Geld übrig. |
| **bill** [bɪl] *n* | **Rechnung** *f* |
| I forgot to pay the **bill** and got a reminder. | Ich vergaß, die Rechnung zu bezahlen, und bekam eine Mahnung. |
| **debt** [det] *n* | **Schuld** *f*, **Schulden** *pl* |
| Phil works so much to pay his **debts**. | Phil arbeitet so viel, um seine Schulden zu bezahlen. |
| **bank** [bæŋk] *n* | **Bank** *f* |
| I'm going to the **bank** to pay in this cheque. | Ich gehe zur Bank, um diesen Scheck einzuzahlen. |
| **(bank) note** [('bæŋk) nəʊt] *n*, *syn:* bill *(Am)* | **(Geld)Schein** *m*, **(Bank)Note** *f* |
| Have you got any change? I've only got **notes**. | Hast du Kleingeld? Ich habe nur Scheine. |
| **pound** [paʊnd] *n* | **Pfund** *n* |
| The English **pound** is very strong at the moment. | Das englische Pfund ist zur Zeit sehr stark. |

ⓘ Der Plural von ***pound*** ist immer ***pounds*** (mit ***s***), außer in Zusammensetzungen wie ***a five-pound note.***

| | |
|---|---|
| **penny** ['penɪ] *n* ⚠ *pl* **pennies** ['penɪz], **pence** [pens] | **Penny** *m* |
| I haven't got a **penny**! | Ich habe überhaupt kein Geld! |
| **dollar** ['dɒlə] *n* | **Dollar** *m* |
| One **dollar** is about one euro. | Ein Dollar ist ungefähr ein Euro. |
| **cent** [sent] *n* | **Cent** *m* |
| A quarter is 25 **cents**. | Ein Quarter sind 25 Cent. |

## ÄMTER UND BEHÖRDEN

**office** ['ɒfɪs] *n* — **Büro** *n*

I'm sorry, but Mr Jones is not in his **office**. — Es tut mir Leid, aber Mr Jones ist nicht in seinem Büro.

**staff** [stɑːf] *n syn:* personnel — **Personal** *n*, **Belegschaft** *f*, **Mitarbeiter** *pl*

All the **staff** went on strike. — Das ganze Personal streikt.

**sign** [saɪn] *v/i, v/t* — **unterschreiben**

You've forgotten to **sign** the cheque, sir. — Sie haben vergessen, den Scheck zu unterschreiben.

## POST- UND FERNMELDEWESEN

**post** [pəʊst] *n syn:* mail — **Post** *f*

I'll send you the photos by **post** tomorrow. — Morgen schicke ich dir die Fotos mit der Post.

**mail** [meɪl] *n syn:* post — **Post** *f*

Our letters must have crossed in the **mail**. — Unsere Briefe müssen sich in der Post gekreuzt haben.

ⓘ Im britischen Englisch wird für Post(dienst) und die Post (= Briefe, Karten usw.) meist ***post***, im amerikanischen Englisch meist ***mail*** verwendet.

**post office** ['pəʊst ˌɒfɪs] *n* — **Post** *f*, **Postamt** *n*

I have to go to the **post office** to get some stamps. — Ich muss zur Post, um ein paar Briefmarken zu kaufen.

**post** [pəʊst] *v/t syn:* mail *(Am)* — **abschicken, einwerfen, zur Post bringen**

Can you **post** this letter for me, please? — Kannst du bitte diesen Brief für mich einwerfen?

**postman** ['pəʊstmən] *n syn:* mailman *(Am)* — **Postbote** *m*, **Briefträger** *m*

I haven't got your letter because the **postman** hasn't been yet. — Ich habe deinen Brief noch nicht bekommen, weil der Briefträger noch nicht da war.

**letter** ['letə] *n*
I opened your **letter** by mistake – sorry!

**Brief** *m*
Ich habe deinen Brief aus Versehen geöffnet – Entschuldigung!

**envelope** ['envələʊp] *n*
Have you got a large **envelope** for this birthday card?

**(Brief)Umschlag** *m*
Hast du einen großen Umschlag für diese Geburtstagskarte?

**postcard** ['pəʊstkɑːd] *n*
I never write **postcards** when I'm on holiday.

**Postkarte** *f*
Ich schreibe nie Postkarten, wenn ich im Urlaub bin.

**address** [ə'dres] *n*
Please write your name and **address** in block letters.

**Adresse** *f*, **Anschrift** *f*
Bitte schreiben Sie Ihren Namen und Ihre Adresse in Blockschrift.

**stamp** [stæmp] *n*
I'd like a **stamp** for this postcard to Germany, please.

**Briefmarke** *f*
Ich möchte bitte eine Briefmarke für diese Postkarte nach Deutschland.

**parcel** ['pɑːsl] *n*
The postman gave me this **parcel** for you because you were out.

**Päckchen** *n*, **Paket** *n*
Der Postbote hat bei mir dieses Päckchen für Sie abgegeben, weil Sie nicht zu Hause waren.

---

**(tele)phone** [('telə)fəʊn] *n, v/i, v/t*
I tried to **phone** Lisa yesterday but I only got her answering machine.
If you want to call Kevin, you can use my **phone**.

**Telefon** *n*, **anrufen, telefonieren (mit)**
Gestern versuchte ich, Lisa anzurufen, aber ich erreichte nur ihren Anrufbeantworter.
Wenn du Kevin anrufen willst, kannst du mein Telefon benutzen.

**call** [kɔːl] *n, v/t*
It was nice talking to you. Thanks for the **call.**

**Anruf** *m*, **Telefongespräch** *n*,
Es war schön, mit dir zu reden. Danke für den Anruf.

**dial** ['daɪəl] *v/t*
I **dialled** Caroline's number, but it was always engaged.

**wählen**
Ich wählte Carolines Telefonnummer, aber sie war immer besetzt.

# RECHTSWESEN

**law** [lɔː] *n*
Driving without a licence is against the **law.**

**Gesetz** *n*, **Recht** *n*
Fahren ohne Führerschein verstößt gegen das Gesetz.

**police** [pə'liːs] *pl*
The **police** are looking everywhere for the bank robber.
*(⚠ nicht: is looking)*

**Polizei** *f*
Die Polizei sucht überall nach dem Bankräuber.

**policeman** [pə'liːsmən] *n* ⚠ *pl* **policemen** [pə'liːsmən]
The **policeman** stopped me for driving through a red light.

**Polizist** *m*, **Polizeibeamter** *m*
Der Polizist hat mich angehalten, weil ich bei Rot über die Ampel gefahren bin.

---

**wrong** [rɒŋ] *adj*
You can't arrest me! I haven't done anything **wrong**!

**unrecht, schlecht**
Sie dürfen mich nicht verhaften! Ich habe nichts Unrechtes getan!

**criminal** ['krɪmənəl] *n, adj*
The police found the wanted **criminal**.
Even if it was an accident, it is still a **criminal** offence.

**Verbrecher(in), kriminell, strafbar**
Die Polizei fand den gesuchten Verbrecher.
Auch wenn es ein Unfall war, ist es immer noch eine strafbare Handlung.

**steal** [stiːl] *v/i, v/t* ⚠ **stole** [stəʊl], **stolen** ['stəʊlən]
That's the boy who **stole** my handbag!

**stehlen**
Das ist der Junge, der meine Handtasche gestohlen hat!

**thief** [θiːf] *n* ⚠ *pl* **thieves** [θiːvz]
Be careful with your valuables – there are **thieves** everywhere!

**Dieb** *m*, **Diebin** *f*
Pass auf deine Wertsachen auf, es gibt überall Diebe!

**shoot** [ʃuːt] *v/i, v/t* ⚠ **shot** [ʃɒt], **shot** [ʃɒt]
The victim was **shot** with this gun.

**schießen, erschießen, niederschießen**
Der Opfer wurde mit dieser Pistole erschossen.

ⓘ ***Shoot*** kann erschießen, niederschießen oder anschießen heißen. Um deutlich zu machen, dass jemand getötet wurde, kann man sagen: ***he was shot and killed*** oder ***he was shot dead***.

**shot** [ʃɒt] *n* — **Schuss** *m*
There was a **shot**, and the policeman fell over. — Es fiel ein Schuss, und der Polizist stürzte zu Boden.

**kill** [kɪl] *v/i, v/t syn:* murder — **töten, umbringen**
Frank **killed** his wife in cold blood. — Frank brachte seine Frau kaltblütig um.

**murder** ['mɜːdə] *n, v/t* — **Mord** *m*, **(er)morden, umbringen**
The police are not sure whether it was **murder** or an accident. — Die Polizei ist nicht sicher, ob es ein Mord oder ein Unfall war.

## ARZT UND KRANKENHAUS

**doctor** ['dɒktə] *n* — **Arzt** *m*, **Ärztin** *f*
You look awful – you ought to see a **doctor**! — Du siehst furchtbar aus. Du solltest zum Arzt gehen.

**dentist** ['dentɪst] *n* — **Zahnarzt** *m*, **Zahnärztin** *f*
My **dentist** said my teeth were in good condition. — Mein Zahnarzt sagte mir, dass meine Zähne in gutem Zustand sind.

**nurse** [nɜːs] *n* — **Krankenschwester** *f*
The **nurse** came in to give me an injection. — Die Krankenschwester kam herein, um mir eine Spritze zu geben.

**patient** ['peɪʃnt] *n* — **Patient** *m*, **Patientin** *f*
There are not enough hospital beds and too many **patients**. — Es gibt zu wenig Krankenhausbetten und zu viele Patienten.

**hospital** ['hɒspɪtl] *n* — **Krankenhaus** *n*, **Klinik** *f*
Steve is lying in **hospital** with a broken leg. — Steve liegt mit einem gebrochenen Bein im Krankenhaus.

**medicine** ['medsn, *Am* 'medəsən] *n syn:* drug — **Medizin** *f*, **Arznei(mittel)**, **Mittel** *n*
I take this **medicine** every day, but it doesn't help very much. — Ich nehme diese Medizin jeden Tage, aber sie hilft nicht besonders viel.

Gegen (Schmerzen, eine Krankheit usw.) wird im Englischen meist durch ***for*** ausgedrückt.

## SCHULE UND UNIVERSITÄT

**school** [skuːl] *n* — **Schule** *f*
My daughter goes to work but my son is still at **school**. — Meine Tochter arbeitet, aber mein Sohn geht noch zur Schule.

**university** [ˌjuːnɪˈvɜːsətɪ] *n* — **Universität** *f*
Do you want to go to **university** when you leave school? — Willst du zur Universität, wenn du die Schule verlässt?

**teacher** [ˈtiːtʃə] *n syn:* instructor — **Lehrer** *m*, **Lehrerin** *f*
I've been a **teacher** at this school for 25 years. — Ich bin schon seit 25 Jahren Lehrer an dieser Schule.

**pupil** [ˈpjuːpl] *n syn:* student — **Schüler** *m*, **Schülerin** *f*
When I started as a teacher I had a lot of problems with the **pupils**. — Als ich als Lehrer anfing, hatte ich viele Probleme mit den Schülern.

***Pupil*** verwendet man vor allem im britischen Englisch für Kinder, in Amerika nennt man auch jüngere Schüler(innen) meist ***student***.

**student** [ˈstjuːdnt] *n opp:* teacher — **Student(in), Schüler(in)**
My son is a **student** at Cambridge University. — Mein Sohn ist Student an der Universität Cambridge.

**teach** [tiːtʃ] *v/i, v/t* — **unterrichten, lehren**
I **teach** German at a private school. — Ich unterrichte Deutsch an einer Privatschule.

**study** [ˈstʌdɪ] *v/i, v/t* — **studieren, lernen**
My daughter wants to **study** English at university. — Meine Tocher will Englisch studieren.

**class** [klɑːs], *Am* [klæs] *syn:* form *(Brit)* — **Klasse** *f*
I know Tony because he was in my **class** at school. — Ich kenne Tony, weil er in der Schule in meiner Klasse war.

**subject** ['sʌbdʒɪkt] *n*
The **subject** I hated at school was art.

**Fach** *n*
Kunst war das Fach, das ich in der Schule hasste.

**timetable** ['taɪmˌteɪbl] *n syn:* schedule *(Am)*
Look at my new **timetable**. I've got German every day!

**Stundenplan** *m*
Schau dir meinen neuen Stundenplan an. Ich habe jeden Tag Deutsch!

**lesson** ['lesn] *n*
We're doing **lesson** 10 in our French book at the moment.
We've got a free **lesson** now as our teacher's ill.

**(Unterrichts)Stunde** *f*, **Lektion** *f*
Wir nehmen gerade Lektion 10 in unserem Französischbuch durch.
Wir haben jetzt eine Freistunde, weil unser Lehrer krank ist.

**course** [kɔːs] *n*
At the end of the **course** we have to take an exam.

**Kurs** *m*
Am Ende des Kurses müssen wir eine Prüfung machen.

**holidays** ['hɒlədeɪz] *pl syn:* vacation *(Am)*
Are you staying at home in the **holidays**?

**Ferien** *pl*
Bleibst du in den Ferien zu Hause?

**language** ['læŋgwɪdʒ] *n*
Maria grew up in Alsace and can speak two **languages**.

**Sprache** *f*
Maria ist im Elsass aufgewachsen, und kann zwei Sprachen.

**translate** [træns'leɪt] *v/t*
You can't **translate** this sentence word for word.

**übersetzen**
Man kann diesen Satz nicht wortwörtlich übersetzen.

**translation** [træns'leɪʃn] *n*
A lot of the subtleties of the book are lost in **translation.**

**Übersetzung** *f*
Viele Feinheiten gehen bei der Übersetzung des Buchs verloren.

## KUNST

**art** [ɑːt] *n*
Geoff wants to study **art** in London.

**Kunst** *f*
Geoff will Kunst in London studieren.

**picture** ['pɪktʃə] *n syn:* painting
I drew this **picture** ten years ago.

**Bild** *n*, **Gemälde** *n*
Ich habe dieses Bild vor zehn Jahren gezeichnet.

| | |
|---|---|
| **paint** [peɪnt] *v/i, v/t*<br>Susie **paints** abstract pictures. | **malen**<br>Susie malt abstrakte Bilder. |
| **draw** [drɔː] *v/i, v/t* ⚠ **drew** [druː], **drawn** [drɔːn]<br>My daughter likes **drawing** pictures of horses. | **zeichnen**<br>Meine Tochter zeichnet gern Pferdebilder. |

| | |
|---|---|
| **theatre** *Am* **theater** [ˈθɪətə] *n*<br>I saw Macbeth at the **theatre** yesterday. | **Theater** *n*<br>Gestern habe ich mir Macbeth im Theater angesehen. |
| **stage** [steɪdʒ] *n*<br>The actors came back onto the **stage** at the end of the play. | **Bühne** *f*<br>Am Schluss des Stücks kamen die Schauspieler wieder auf die Bühne. |
| *Brit* **cinema** [ˈsɪnəmə] *n syn:* (movie) theater *(Am)*<br>There's a new **cinema** in town which shows English films. | **Kino** *n*<br>Es gibt ein neues Kino in der Stadt, das englische Filme zeigt. |
| **show** [ʃəʊ] *n syn:* play, program(me)<br>We went to a **show** in the West End yesterday. | **Show** *f*, **Schau** *f*, **Revue** *f*, **Stück** *n*<br>Gestern sahen wir eine Show im West End. |
| **play** [pleɪ] *n syn:* drama<br>I've read the **play**, but I've never seen it at the theatre. | **(Theater)Stück** *n*<br>Das Stück habe ich gelesen, aber ich habe es nie im Theater gesehen. |
| **play** [pleɪ] *v/i, v/t*<br>I **play** the evil brother in the last act. | **spielen, darstellen**<br>Ich spiele im letzten Akt den bösen Bruder. |
| **ticket** [ˈtɪkɪt] *n*<br>The play is sold out, but I've got a spare **ticket**. | **Karte** *f*<br>Das Stück ist ausverkauft, aber ich habe eine Karte übrig. |

| | |
|---|---|
| **music** [ˈmjuːzɪk] *n*<br>Can you turn the **music** down? – I'm trying to read. | **Musik** *f*<br>Kannst du die Musik leiser stellen? Ich versuche, zu lesen. |
| **concert** [ˈkɒnsət] *n*<br>The **concert** was very good, but the acoustics were terrible! | **Konzert** *n*<br>Das Konzert war sehr gut, aber die Akustik war schrecklich. |

**band** [bænd] *n*
My daughter plays the guitar in a **band**.

**Band** *f*, **Kapelle** *f*
Meine Tochter spielt in einer Band Gitarre.

**play** [pleɪ] *v/i, v/t*
Can you **play** a musical instrument?

**spielen**
Kannst du ein Musikinstrument spielen?

ⓘ Im Gegensatz zum Deutschen steht vor dem Instrument meist der bestimmte Artikel ***the***, also ***to play the guitar*** (= Gitarre spielen).

**song** [sɒŋ] *n*
Have you heard that new **song** by Sting yet?

**Lied** *n*, **Song** *m*
Hast du schon das neue Lied von Sting gehört?

**sing** [sɪŋ] *v/i, v/t* ⚠
**sang** [sæŋ], **sung** [sʌŋ]
Martin plays the piano well, but he can't **sing**.

**singen**
Martin spielt gut Klavier, aber er kann nicht singen.

## KOMMUNIKATIONSMITTEL

**newspaper** ['njuːsˌpeɪpə, am 'nuːzˌpeɪpər] *n syn:* paper
I never read the **newspaper**. I watch the news on TV.

**Zeitung** *f*
Ich lese nie die Zeitung. Ich sehe die Nachrichten im Fernsehen.

**paper** ['peɪpə] *n syn:* newspaper
There was a photo of the demonstration in the **paper** this morning.

**Zeitung** *f*
Heute früh war ein Foto von der Demonstration in der Zeitung.

**print** [prɪnt] *v/t*
I don't know why the newspapers **print** such lies!

**drucken**
Ich verstehe nicht, warum die Zeitungen solche Lügen drucken!

**television** ['teləˌvɪʒən] *n syn:* TV
I always watch the documentaries on **television**.

**Fernsehen** *n*
Ich schaue immer die Dokumentarfilme im Fernsehen an.

| | |
|---|---|
| **programme** *Am* program ['prəʊgræm] *n*<br>There's a **programme** about dolphins on TV this evening. | **Programm** *n*, **Sendung** *f*<br>Es gibt heute Abend eine Sendung über Delphine im Fernsehen. |

# ERHOLUNG UND FREIZEIT

| | |
|---|---|
| **holiday** ['hɒlədeɪ] *n syn:* vacation *(Am)*<br>Where are you going on **holiday** this summer? | **Urlaub** *m*, **Ferien** *pl*<br>Wohin fahrt ihr im Sommer in Urlaub? |
| **rest** [rest] *n, v/i opp:* work<br>I've worked all day – I have to **rest**.<br>John needed **rest** after his long illness. | **Ruhe** *f*, **Erholung** *f*, **sich ausruhen**<br>Ich habe schon den ganzen Tag gearbeitet. Ich muss mich ausruhen.<br>Nach seiner Krankheit brauchte John Ruhe. |
| **break** [breɪk] *n*<br>When we've finished this exercise we can have a **break**. | **Pause** *f*<br>Wenn wir diese Übung fertig haben, können wir eine Pause machen. |
| **walk** [wɔːk] *n*<br>I always go for a **walk** after breakfast. | **Spaziergang** *m*<br>Nach dem Frühstück mache ich immer einen Spaziergang. |

| | |
|---|---|
| **play** [pleɪ] *v/i, v/t*<br>The children can't **play** outdoors because it's raining. | **spielen**<br>Die Kinder können nicht draußen spielen, weil es regnet. |
| **game** [geɪm] *n*<br>I think Monopoly is a boring **game**!<br>I don't want to watch the football **game** on TV tonight. | **Spiel** *n*<br>Ich finde, dass Monolpoly ein langweiliges Spiel ist!<br>Ich will mir heute Abend nicht das Fußballspiel im Fernsehen anschauen. |
| **dance** [dɑːns, am dæns] *n, v/i, v/t*<br>I'd like to go to the disco with you, but I can't **dance**. | **Tanz** *m*, **tanzen**<br>Ich würde gern mit dir in die Disco gehen, aber ich kann nicht tanzen. |

| | |
|---|---|
| **camera** ['kæmərə] *n*<br>I haven't got my **camera** with me, so I can't take any pictures. | **Kamera** *f*, **Fotoapparat** *m*<br>Ich kann keine Fotos machen, weil ich meinen Fotoapparat nicht dabei habe. |
| **photograph** ['fəʊtəgrɑːf] *n*<br>I took this **photograph** in Spain. | **Foto(grafie), Bild** *n*<br>Ich habe dieses Foto in Spanien gemacht.<br>*(⚠ nicht: diesen Fotografen)* |
| **picture** ['pɪktʃə] *n syn:* photo(graph)<br>Ian always takes hundreds of **pictures** on holiday. | **Foto** *n*, **Aufnahme** *f*, **Bild** *n*<br>Im Urlaub macht Ian immer Hunderte von Fotos. |
| **film** [fɪlm] *n*<br>I haven't got a **film** in my camera. | **Film** *m*<br>Ich habe keinen Film in meinem Fotoapparat. |
| **TV (set)** [ˌtiː'viː set] *n*<br>Can I watch the football match at yours? Our **TV set** is broken. | **Fernseher** *m*, **Fernsehapparat** *m*<br>Kann ich das Fußballspiel bei dir anschauen? Unser Fernseher ist kaputt. |
| **record** ['rekɔːd, *Am* 'rekərd] *n*<br>It's difficult finding **records** these days, and I haven't got a CD player. | **Schallplatte** *f*<br>Heutzutage ist es schwer, Schallplatten zu finden, und ich habe keinen CD-Spieler. |

---

| | |
|---|---|
| **amusement** [ə'mjuːzmənt] *n* *syn:* entertainment<br>I think bungee-jumping is a strange form of **amusement**. | **Vergnügen** *n*, **Unterhaltung** *f*, **Zeitvertreib** *m*<br>Ich finde, dass Bungeejumping ein merkwürdiges Vergnügen ist. |
| **enjoy** [ɪn'dʒɔɪ] *v/t*<br>Ellen **enjoys** writing poems.<br>I **enjoyed** the smell of the sea. | **genießen, sehr gern tun**<br>Ellen schreibt sehr gern Gedichte.<br>Ich genoss den Geruch des Meeres. |
| **enjoy oneself** [ɪn'dʒɔɪ wʌnˌself]<br>**Enjoy yourselves** at the party. | **sich amüsieren, Spaß haben**<br>Amüsiert euch auf dem Fest! |

**entertaining** [ˌentəˈteɪnɪŋ] *adj syn:* amusing — **unterhaltsam**

I thought the play was very **entertaining**. — Ich fand das Theaterstück sehr unterhaltsam.

**entertainment** [ˌentəˈteɪnmənt] *n* — **Unterhaltung** *f*

I think that comedies are the best form of **entertainment**. — Ich finde, dass Komödien die beste Form der Unterhaltung sind.

**pleased** [pliːzd] *adj syn:* satisfied, glad — **erfreut, zufrieden, froh**

I am **pleased** you like the CD I gave you. — Ich bin froh, dass dir die CD gefällt, die ich dir gegeben habe.

**joke** [dʒəʊk] *n, v/i* — **Witz** *m*, **Scherz** *m*, **scherzen, Spaß machen**

I didn't mean it like that – it was only a **joke**! — Ich habe es nicht so gemeint – es war nur ein Scherz!

I'm not sure whether Paul was **joking** or whether he was serious. — Ich bin nicht sicher, ob Paul gescherzt hat, oder ob er es ernst gemeint hat.

# SPORT

**sport** [spɔːt] *n* — **Sport** *m*, **Sportart** *f*

I do a lot of **sport** in my free time. — In meiner Freizeit treibe ich viel Sport.

**team** [tiːm] *n* — **Mannschaft** *f*, **Team** *n*

Jim plays in a hockey **team**. — Jim spielt in einer Hockeymannschaft.

**football** [ˈfʊtbɔːl] *n syn:* soccer — **Fußball** *m*

My husband and his friends only talk about cars and **football**! — Mein Mann und seine Freunde reden nur über Autos und Fußball!

**player** [ˈpleɪə] *n* — **Spieler(in)**

This board game is for four **players**. — Dieses Brettspiel ist für vier Spieler.

**ball** [bɔːl] *n*
We had to stop the game when the **ball** fell into the river.

**Ball** *m*
Als der Ball in den Fluss fiel, mussten wir mit dem Spiel aufhören.

**train** [treɪn] *v/i syn:* practise
After my injury I had to **train** hard to get fit again.

**trainieren**
Nach meiner Verletzung musste ich hart trainieren, um wieder fit zu werden.

**match** [mætʃ] *n syn:* game
We were the better team, but we still lost the **match.**

**Spiel** *n*
Wir waren die bessere Mannschaft, aber trotzdem haben wir das Spiel verloren.

ⓘ In Amerika wird für Spiele in Mannschaftssportarten das Wort ***game*** vorgezogen, z.B. ***ball game*** (Baseballspiel).

**race** [reɪs] *n*
The winner was disqualified after the **race**.

**Rennen** *n*
Der Gewinner wurde nach dem Rennen disqualifiziert.

**start** [stɑːt] *n, v/i*
The car broke down just after the **start**.

**Start** *m*, **starten**
Das Auto hatte kurz nach dem Start eine Panne.

**record** ['rekɔːd, am 'rekərd] *n*
I don't think that there will be a new world **record** this year.

**Rekord** *m*
Ich glaube nicht, dass es dieses Jahr einen neuen Weltrekord geben wird.

**run** [rʌn] *v/i, v/t* ⚠ **ran** [ræn], **run** [rʌn]
When Phil was younger he could **run** 100 metres in ten seconds.

**laufen, rennen**
Als Phil jünger war, konnte er 100 Meter in zehn Sekunden laufen.

**swim** [swɪm] *v/i, v/t* ⚠ **swam** [swæm], **swum** [swʌm]
My daughter likes **swimming** in the sea.

**schwimmen**
Meine Tochter schwimmt gern im Meer.

**ski** [skiː] *n, v/i*
My children could **ski** when they were small.
I watched as my **ski** shot down the slope.

**Ski** *m*, **Ski laufen**
Meine Kinder konnten Ski laufen, als sie klein waren.
Ich sah zu, wie mein Ski die Piste hinunterschoss.

**ride** [raɪd] *v/i, v/t* ⚠ **rode** [rəʊd], **ridden** ['rɪdn] — **reiten**
Lisa **rides** a very small horse. — Lisa reitet auf einem sehr kleinen Pferd.

**row** [rəʊ] *v/i, v/t* — **rudern**
We can **row** across the lake to the island. — Wir können über den See zur Insel rudern.

## STAATSWESEN

**politics** ['pɒlɪtɪks] *n* — **Politik** *f*
My father and I always argue about **politics**. — Mein Vater und ich streiten uns immer über Politik.

**political** [pə'lɪtɪkl] *adj* — **politisch**
Sometimes it's hard to believe what the **political** parties say. — Manchmal ist es schwer zu glauben, was die politischen Parteien erzählen.

**country** ['kʌntrɪ] *n syn:* state, nation — **Land** *n*, **Staat** *m*
I like this **country**, but I wouldn't want to live here. — Ich mag dieses Land, aber ich würde hier nicht leben wollen.

**government** ['gʌvənmənt] *n* — **Regierung** *f*
A lot of people were optimistic when the new **government** was elected. — Als die neue Regierung gewählt wurde, waren viele Leute optimistisch.

**govern** ['gʌvən] *v/t syn:* rule — **regieren**
I have a lot of faith in the politicians who **govern** this country! — Ich habe viel Vertrauen in die Politiker, die dieses Land regieren!

**party** ['pɑːtɪ] *n* — **Partei** *f*
Some politicians change from one **party** to another. — Manche Politiker wechseln von einer Partei zur anderen.

**king** [kɪŋ] *n* — **König** *m*
A lot of magazines are full of news about the **kings** and queens of Europe. — Viele Zeitschriften sind voller Berichte über die Könige und Königinnen Europas.

**queen** [kwiːn] *n* — **Königin** *f*
My school was founded during the reign of **Queen** Elizabeth I. — Meine Schule wurde in der Regierungszeit von Königin Elisabeth I gegründet.

**prince** [prɪns] *n*
Dracula is also called the '**Prince** of Darkness'.

**Prinz** *m*, **Fürst** *m*
Dracula wird auch ‚Fürst der Dunkelheit' genannt.

**president** ['prezɪdənt] *n*
The **president** had a meeting with the prime minister yesterday.

**Präsident** *m*, **Präsidentin** *f*
Gestern hatte der Präsident eine Sitzung mit dem Premierminister.

**minister** ['mɪnɪstə] *n*
Several government **ministers** were involved in a financial scandal.

**Minister** *m*, **Ministerin** *f*
Einige Regierungsminister waren in einen Finanzskandal verwickelt.

**border** ['bɔːdə] *n*
Yesterday rebels crossed the **border**.

**Grenze** *f*
Gestern haben Rebellen die Grenze überschritten.

**foreign** ['fɒrən] *adj opp:* native, domestic
I can't speak any **foreign** languages.
After the holiday I had a lot of **foreign** money.

**fremd, ausländisch**
Ich kann keine Fremdsprachen.
Nach dem Urlaub hatte ich viel ausländisches Geld.

**foreigner** ['fɒrənə] *n syn:* stranger
Having lived in Germany for years, Tony felt like a **foreigner** in his own country.

**Ausländer** *m*, **Ausländerin** *f*
Nachdem er jahrelang in Deutschland gelebt hatte, fühlte sich Tony in seinem Heimatland wie ein Ausländer.

**home** [həʊm] *n*
Tony still considers England to be his real **home**.

**Heimat** *f*
Tony betrachtet England immer noch als seine Heimat.

---

**war** [wɔː] *n opp:* peace
My grandfather was killed in the last **war**.

**Krieg** *m*
Mein Großvater fiel im letzten Krieg.

**peace** [piːs] *n opp:* war
Yesterday we demonstrated for **peace**.

**Frieden** *m*
Gestern haben wir für den Frieden demonstriert.

**enemy** ['enəmɪ] *n opp:* friend
During the war they were **enemies**, but now they live together in peace.

**Feind** *m*, **Feindin** *f*
Während des Kriegs waren sie Feinde, aber jetzt leben sie friedlich miteinander.

**soldier** ['səʊldʒə] *n opp:* civilian — **Soldat** *m,* **Soldatin** *f*

A lot of **soldiers** were killed in the First World War. — Viele Soldaten sind im ersten Weltkrieg getötet worden.

**battle** ['bætl] *n* — **Schlacht** *f,* **Kampf** *m*

After the **battle** the soldiers buried the dead. — Nach der Schlacht haben die Soldaten die Gefallenen begraben.

## KIRCHE UND RELIGION

**church** [tʃɜːtʃ] *n* — **Kirche** *f,* **Gottesdienst** *m*

My mother goes to **church** every Sunday. — Meine Mutter geht jeden Sonntag in die Kirche.

**God, god** [gɒd] *n* — **Gott** *m*

Thank **God**! John's back again! — Gott sei Dank! John ist wieder da!

The ancient Greeks had a lot of different **gods**. — Die alten Griechen hatten viele verschiedene Götter.

**Christmas** ['krɪsməs] *n* — **Weihnachten** *n*

My children are looking forward to **Christmas** and Santa Claus. — Meine Kinder freuen sich auf Weihnachten und den Weihnachtsmann.

**Easter** ['iːstə] *n* — **Ostern** *n*

As a child I always got chocolate eggs at **Easter**. — Als Kind habe ich zu Ostern immer Schokoladeneier bekommen.

**religion** [rɪ'lɪdʒn] *n* — **Religion** *f* **Glaube** *f*

He doesn't eat pork because of his **religion**. — Er isst kein Schweinefleisch wegen seines Glaubens.

**religious** [rɪ'lɪdʒəs] *adj* — **religiös, fromm, Religions...**

She wears a headscarf for **religious** reasons. — Sie trägt aus religiösen Gründen ein Kopftuch.

My parents are very **religious**, but I never go to church. — Meine Eltern sind sehr fromm, aber ich gehe nie in die Kirche.

# DORF UND STADT

**place** [pleɪs] *n* — **Ort** *m*, **Platz** *m*
I know this **place** – I've been here before. — Ich kenne diesen Ort – ich war schon einmal hier.

**town** [taʊn] *n syn:* city — **Stadt** *f*
Shall we go into **town** today? — Wollen wir heute in die Stadt gehen?

**city** ['sɪtɪ] *n syn:* town, *opp:* village, country — **Stadt** *f*
Sarah has lived in the **city** for ten years. — Sarah lebt schon zehn Jahre in der Stadt.

Im Deutschen wird City für Innenstadt verwendet. Im Englischen bezeichnet ***city*** die (große) Stadt, ***(city) centre*** das (Stadt)Zentrum.

**country** ['kʌntrɪ] *n opp:* city, town — **Land** *n*
Tony lives in the city, but he has got a house in the **country**, too. — Tony wohnt in der Stadt, aber er hat auch ein Haus auf dem Land.

**village** ['vɪlɪdʒ] *n* — **Dorf** *n*
This **village** has only got a population of 250. — Dieses Dorf hat nur 250 Einwohner.

**centre** *Am* **center** ['sentə] *n* — **Zentrum** *n*, **Stadtmitte** *f*, **Innenstadt** *f*
The biggest shops are in the **centre** of town. — Die größten Geschäfte sind im Zentrum.

**building** ['bɪldɪŋ] *n* — **Gebäude** *n*
This **building** is the oldest in the city. — Dieses Gebäude ist das älteste der Stadt.

**castle** ['kɑːsl] *n* — **Burg** *f*, **Schloss** *n*
Today tourists can visit this **castle**. — Heute können Touristen diese Burg besichtigen.

**tower** ['taʊə] *n* — **Turm** *m*
You get a wonderful view of the city from this **tower**. — Von diesem Turm aus hat man einen wunderbaren Blick auf die Stadt.

**square** [skweə] *n*
On Saturday there is a flea market here in the **square**.

**Platz** *m*
Am Samstag findet hier auf dem Platz ein Flohmarkt statt.

**hall** [hɔːl] *n*
Before the fire there were a lot of concerts held in this **hall**.

**Halle** *f*, **Saal** *m*
Vor dem Brand fanden viele Konzerte in diesem Saal statt.

**road** [rəʊd] *n*
A lorry came towards us in the middle of the country **road**.

**Straße** *f*, **Landstraße** *f*
Mitten auf der Landstraße kam uns ein Lastwagen entgegen.

***Street*** bezeichnet eine Straße in einem Ort mit Wohnhäusern und Geschäften, ***road*** eine Verbindungsstraße zwischen Orten oder Ortsteilen.

**street** [striːt] *n*
I've told you a thousand times: Don't play in the **street**!

**Straße** *f*
Ich habe euch tausendmal gesagt: Spielt nicht auf der Straße!

**bridge** [brɪdʒ] *n*
The old man stood on the **bridge** and watched the boats.

**Brücke** *f*
Der Alte stand auf der Brücke und beobachtete die Boote.

**farm** [fɑːm] *n*
A lot of city children have never seen a **farm**.

**Bauernhof** *m*, **Farm** *f*
Viele Stadtkinder haben nie einen Bauernhof gesehen.

**fence** [fens] *n*
The children climbed over the **fence** to fetch their ball.

**Zaun** *m*
Die Kinder kletterten über den Zaun, um ihren Ball zu holen.

## LANDSCHAFT

**view** [vjuː] *n*
We had a beautiful **view** from the hill.

**Aussicht** *f*, **Blick** *m*
Vom Hügel aus hatten wir eine schöne Aussicht.

**ground** [graʊnd] *n syn:* soil, earth
The **ground** is hard and dry because it hasn't rained for a long time.

**Boden** *m*, **Erde** *f*
Der Boden ist hart und trocken, weil es so lange nicht geregnet hat.

**hill** [hɪl] *n*
On the **hill** stands an old oak tree.

**Hügel** *m*
Auf dem Hügel steht eine alte Eiche.

**mountain** ['maʊntɪn] *n, opp:* valley
This **mountain** is very popular with climbers.

**Berg** *m*
Dieser Berg ist bei Bergsteigern sehr beliebt.

**top** [tɒp] *n syn:* summit, peak
We took some photos at the **top** of the mountain.

**Gipfel** *m,* **Spitze** *f*
Wir machten auf dem Gipfel des Berges einige Fotos.

**valley** ['vælɪ] *n opp:* mountain
The apple trees were in blossom in the **valley**.

**Tal** *n*
Im Tal blühten die Apfelbäume.

**coast** [kəʊst] *n*
We walked along the **coast** and watched the sunset.

**Küste** *f*
Wir liefen die Küste entlang und betrachteten den Sonnenuntergang.

**beach** [biːtʃ] *n*
The **beach** near our hotel was beautiful.

**Strand** *m*
Der Strand, der in der Nähe von unserem Hotel war, war wunderschön.

**river** ['rɪvə] *n*
You used to be able to swim in this **river**, but now it's too polluted.

**Fluss** *m,* **Strom** *m*
Früher konnte man in diesem Fluss baden, aber heute ist er zu verschmutzt.

**lake** [leɪk] *n*
There was a little island in the middle of the **lake**.

**See** *m*
Mitten im See lag eine kleine Insel.

**spring** [sprɪŋ] *n*
The water from the **spring** was ice-cold.

**Quelle** *f*
Das Wasser aus der Quelle war eiskalt.

**forest** ['fɒrɪst] *n syn:* woods
We could see that the trees in the **forest** were very diseased.

**Wald** *m*
Wir konnten sehen, dass die Bäume im Wald sehr krank waren.

**field** [fiːld] *n*
The farmer was working in the **field** when I arrived.

**Feld** *n*
Der Bauer arbeitete auf dem Feld, als ich ankam.

**park** [pɑːk] *n*
A lot of people were sitting in the **park** today because the weather was so nice.

**Park** *m*
Heute saßen viele Leute im Park, weil das Wetter so schön war.

**path** [pɑːθ] *n*
The **path** led along the coast.

**Pfad** *m*, **Weg** *m*
Der Pfad führte an der Küste entlang.

## NATUR

**nature** ['neɪtʃə] *n*
Jo always painted **nature** pictures.

**Natur** *f*
Jo malte immer Bilder von der Natur.

**natural** ['nætʃrəl] *adj opp:* artificial, man-made
I like seeing animals in their **natural** habitat.

**natürlich**
Ich sehe gerne Tiere in ihrer natürlichen Umgebung.

**light** [laɪt] *n opp:* dark(ness)
At first **light** you could see rabbits in the meadow.

**Licht** *n*
Beim ersten Licht des Tages konnte man die Kaninchen auf der Wiese sehen.

**air** [eə] *n*
The **air** was very thin up on the mountain top.

**Luft** *f*
Oben auf dem Gipfel war die Luft sehr dünn.

**water** ['wɔːtə] *n*
The **water** was so muddy that you couldn't see anything in it.

**Wasser** *n*
Das Wasser war so trüb, dass man nichts darin sehen konnte.

**wave** [weɪv] *n*
The small boat was hit by a **wave**.

**Welle** *f*, **Woge** *f*
Das kleine Boot wurde von einer Welle erfasst.

**heat** [hiːt] *n opp:* cold
I feel very weak from the **heat**.

**Hitze** *f*, **Wärme** *f*
Ich fühle mich bei dieser Hitze sehr schwach.

**fire** ['faɪə] *n*
You aren't allowed to make a **fire** here in the forest!

**Feuer** *n*, **Brand** *m*
Sie dürfen hier im Wald kein Feuer machen!

**cold** [kəʊld] *adj, n*
The weather is too **cold** for this time of year.

**kalt, Kälte** *f*
Das Wetter ist für diese Jahreszeit viel zu kalt.

| | |
|---|---|
| **cool** [kuːl] *adj opp:* warm<br>Although it was very warm during the day, it was **cool** in the evening. | **kühl**<br>Obwohl es tagsüber sehr warm war, war es kühl am Abend. |
| **ice** [aɪs] *n*<br>In the morning there was **ice** on the pond. | **Eis** *n*<br>In der Frühe war Eis auf dem Teich. |

---

| | |
|---|---|
| **animal** ['ænɪml] *n*<br>My daughter loves seeing the **animals** at the zoo. | **Tier** *n*<br>Meine Tochter liebt es, die Tiere im Zoo zu sehen. |
| **wild** [waɪld] *adj opp:* tame<br>Watch out! There are a lot of **wild** animals around here. | **wild**<br>Sei vorsichtig! Es gibt hier viele wilde Tiere in der Gegend. |
| **bird** [bɜːd] *n*<br>Steve watches the **birds** at the coast for hours. | **Vogel** *m*<br>Steve beobachtet stundenlang die Vögel an der Küste. |
| **fly** [flaɪ] *v/i* ⚠ **flew** [fluː], **flown** [fləʊn]<br>This bird is injured – it can't **fly**. | **fliegen**<br>Dieser Vogel ist verletzt – er kann nicht fliegen. |
| **fish** [fɪʃ] *n* ⚠ *pl* **fish** [fɪʃ], **fishes** ['fiʃiz]<br>Unfortunately there are no longer any **fish** in the river today. | **Fisch** *m*<br>Leider sind heute keine Fische mehr im Fluss. |
| **dog** [dɒg] *n*<br>My daughter was bitten by a large **dog**. | **Hund** *m*<br>Meine Tochter ist von einem großen Hund gebissen worden. |
| **cat** [kæt] *n*<br>My mother has got three **cats** and a dog. | **Katze** *f*<br>Meine Mutter hat drei Katzen und einen Hund. |
| **chicken** ['tʃɪkɪn] *n*<br>That fox has killed three of our **chickens** again! | **Huhn** *m*<br>Der Fuchs hat schon wieder drei unserer Hühner getötet! |
| **pig** [pɪg] *n*<br>**Pigs** are supposed to be very intelligent animals. | **Schwein** *n*<br>Schweine sollen sehr intelligente Tiere sein. |

**horse** [hɔːs] *n*
Jill fell off her **horse** while she was riding.
**Pferd** *n*
Jill ist beim Reiten vom Pferd gefallen.

**cow** [kaʊ] *n opp:* bull
The **cows** were grazing peacefully in the meadow.
**Kuh** *f*
Die Kühe grasten friedlich auf der Weide.

**cattle** ['kætl] *pl*
As the **cattle** were finally in the shed, the farmer went home.
**(Rind)Vieh** *n*, **Rinder** *pl*
Als das Vieh endlich im Stall war, ging der Bauer nach Hause.

**sheep** [ʃiːp] *n* ⚠ *pl* **sheep** [ʃiːp]
The shepherd searched in vain for the lost **sheep**.
**Schaf** *n*
Der Hirte hat vergebens nach dem verlorenen Schaf gesucht.

**mouse** [maʊs] *n* ⚠ *pl* **mice** [maɪs]
The cat's brought a **mouse** into the house!
**Maus** *f*
Die Katze hat eine Maus ins Haus gebracht!

**tail** [teɪl] *n*
The big dog wagged its **tail** for joy.
**Schwanz** *m*
Der große Hund wedelte vor Freude mit dem Schwanz.

---

**plant** [plɑːnt] *n, v/t*
Susy watered my **plants** when I was on holiday.
**Pflanze** *f*, **pflanzen**
Als ich im Urlaub war, hat Susy meine Pflanzen gegossen.

**tree** [triː] *n*
When I was young, I liked climbing up the **trees** in our garden.
**Baum** *m*
Als ich jung war, kletterte ich gern auf die Bäume in unserem Garten.

**bush** [bʊʃ] *n*
The children hid behind a **bush** and waited.
**Busch** *m*
Die Kinder versteckten sich hinter einem Busch und warteten.

**grass** [grɑːs] *n*
After the heatwave the **grass** was yellow.
**Gras** *n*
Nach der Hitzewelle war das Gras gelb.

**leaf** [liːf] *n* ⚠ *pl* **leaves** [liːvz]
In autumn, the children made pictures with the colourful **leaves**.
**Blatt** *n*
Im Herbst haben die Kinder Bilder aus den bunten Blättern gemacht.

**fruit** [fruːt] *n*
Tropical **fruits** are often very sweet.

**Frucht** *f*
Tropische Früchte sind oft sehr süß.

**flower** [ˈflaʊə] *n*
Lisa picked these pretty **flowers** in the meadow.

**Blume** *f*
Lisa pflückte diese schönen Blumen auf der Wiese.

---

**world** [wɜːld] *n*
There are a lot of millionaires in the **world** of football.

**Welt** *f*
Es gibt viele Millionäre in der Welt des Fußballs.

**moon** [muːn] *n*
Neil Armstrong was the first man on the **moon**.

**Mond** *m*
Neil Armstrong war der erste Mann auf dem Mond.

**earth** [ɜːθ] *n*
The comet could be observed from the **earth**.

**Erde** *f*
Der Komet konnte von der Erde aus beobachtet werden.

**star** [stɑː] *n*
Out here the **stars** look brighter.

**Stern** *m*
Hier draußen sehen die Sterne viel heller aus.

**sun** [sʌn] *n*
It was unbearably hot in the **sun.**

**Sonne** *f*
In der Sonne war es unerträglich heiß.

**shine** [ʃaɪn] *v/i* ⚠
**shone** [ʃɒn], **shone** [ʃɒn]
The sun **shone** again after the storm.

**scheinen**
Nach dem Sturm schien wieder die Sonne.

**sky** [skaɪ] *n*
The desert **sky** was clear and blue.

**Himmel** *m*
Der Himmel über der Wüste war klar und blau.

**north** [nɔːθ] *n, adj, adv opp:* south
My house is in the **north** of the city.
The coast is **north** of here.

**Norden** *m,* **nördlich, Nord...**
Mein Haus liegt im Norden der Stadt.
Die Küste liegt nördlich von hier.

**south** [saʊθ] *n, adj, adv opp:* north
I always fly **south** in summer.

**Süden** *m,* **südlich, Süd...**
Im Sommer fliege ich immer in den Süden.

**east** [iːst] *n, adj, adv opp:* west — **Osten, östlich, Ost...**
The sun rises in the **east**. — Die Sonne geht im Osten auf.

**west** [west] *n, adj, adv opp:* east — **Westen** *m,* **westlich, West...**
San Francisco is in the **west** of the USA. — San Francisco liegt im Westen der USA.

**sea** [siː] *n syn:* ocean — **Meer** *n,* **See** *f*
I prefer swimming in the **sea**, as I hate swimming pools! — Ich schwimme lieber im Meer, weil ich Schwimmbäder hasse!

**ocean** ['əʊʃn] *n syn:* sea — **Ozean** *m,* **Meer** *n*
Parts of the wreckage were found in the middle of the **ocean**. — Die Wrackteile wurden mitten im Ozean gefunden.

**map** [mæp] *n* — **Landkarte** *f,* **Stadtplan** *m*
As we didn't have a **map**, we didn't know where we were. — Da wir keine Karte gehabt haben, wussten wir nicht, wo wir waren.

## WETTER UND KLIMA

**weather** ['weðə] *n* — **Wetter** *n*
The **weather** is always very unpredictable at this time of year. — Das Wetter ist in dieser Jahreszeit immer sehr unberechenbar.

**temperature** ['temprətʃə] *n* — **Temperatur** *f*
The **temperature** of the water is too cold for swimming. — Die Wassertemperatur ist zu kalt zum Baden.

**snow** [snəʊ] *n, v/i* — **Schnee** *m,* **schneien**
The **snow** was too wet for a snowball fight. — Für eine Schneeballschlacht war der Schnee zu nass.

**freeze** [friːz] *v/i, v/t* ⚠ **froze** [frəʊz], **frozen** ['frəʊzn] — **frieren, gefrieren, erfrieren**
It was so cold last night that the water pipes were **frozen** this morning. — Es war gestern Nacht so kalt, dass die Wasserrohre heute früh gefroren waren.

**wind** [wɪnd] *n* — **Wind** *m*
A cold **wind** blew on the cliffs. — Auf den Klippen wehte ein kalter Wind.

**storm** [stɔːm] *n* — **Sturm** *m*, **Gewitter** *n*
The sky grew dark as the **storm** got closer and closer. — Der Himmel wurde dunkel, als der Sturm immer näher kam.

**blow** [bləʊ] *v/i, v/t* ⚠ — **blasen, wehen**
**blew** [bluː], **blown** [bləʊn]
The strong wind **blew** the tree tops to and fro. — Der starke Wind wehte die Baumwipfel hin und her.

**cloud** [klaʊd] *n* — **Wolke** *f*
It turned cold as the **clouds** moved across the sun. — Es wurde kühl, als die Wolken über die Sonne zogen.

**fog** [fɒg] *n* — **Nebel** *m*
Yesterday the **fog** was so dense that you couldn't see very far. — Gestern war der Nebel so dicht, dass man nicht sehr weit sehen konnte.

**rain** [reɪn] *n, v/i* — **Regen** *m*, **regnen**
If it **rains** this afternoon, we'll have to stay at home. — Wenn es heute Nachmittag regnet, müssen wir zu Hause bleiben.

**shower** ['ʃaʊə] *n* — **(Regen)Schauer** *m*
After a short **shower** the weather got nice again. — Nach einem kurzen Regenschauer wurde das Wetter wieder schön.

## UMWELTPROBLEME

**environment** [ɪn'vaɪərənmənt] *n* — **Umwelt** *f*
Rubbish is a great burden on the **environment**. — Müll ist eine große Belastung für die Umwelt.

**pollution** [pə'luːʃn] *n* — **(Umwelt)Verschmutzung** *f*, **Belastung** *f*
**Pollution** is a great danger to our health. — Die Umweltverschmutzung ist eine große Gefahr für unsere Gesundheit.

**pollute** [pə'luːt] *v/t* — **verschmutzen, verseuchen**
The oil **polluted** the whole coastal area. — Das Öl verschmutzte das ganze Küstengebiet.

**smoke** [sməʊk] *n*
A lot of people suffered from breathing problems caused by the **smoke**.

**Rauch** *m*
Viele Leute litten unter Atembeschwerden, die vom Rauch verursacht wurden.

**waste** [weɪst] *n syn:* rubbish, garbage
The factory was closed because it produced too much **waste**.

**Abfall** *m*, **Müll** *m*
Die Fabrik wurde geschlossen, weil sie zu viel Müll produzierte.

# ENERGIE UND TECHNIK

**energy** ['enədʒɪ] *n syn:* power
We try and save **energy** at home.

**Energie** *f*
Bei uns zu Hause versuchen wir, Energie zu sparen.

**power** ['paʊə] *n syn:* energy, electricity
There was a **power** cut yesterday evening.

**Kraft** *f*, **Energie** *f*, **Strom** *m*
Gestern Abend gab es einen Stromausfall.

**electricity** [ɪˌlek'trɪsətɪ] *n syn:* power
The hut din't have running water or **electricity**.

**Elektrizität** *f*, **Strom** *m*
Die Hütte hatte weder fließendes Wasser noch Strom.

**machine** [mə'ʃiːn] *n*
There are a lot of cigarette **machines** in Germany.
Jobs were in danger because of the introduction of the new **machines**.

**Maschine** *f*, **Gerät** *n*, **Automat** *m*
In Deutschland gibt es viele Zigarettenautomaten.
Arbeitsplätze wurden durch den Einsatz der neuen Maschinen gefährdet.

**engine** ['endʒɪn] *n*
The car mechanic told me that he couldn't repair the **engine**.

**Motor** *m*, **Maschine** *f*
Der Automechaniker sagte mir, dass er den Motor nicht reparieren konnte.

**motor** ['məʊtə] *n*
This **motor** runs on solar energy.

**Motor** *m*
Dieser Motor wird durch Sonnenkraft betrieben.

**line** [laɪn] *n*
I can't hear you – the **line** is faulty!

**Leitung** *f*
Ich kann dich nicht verstehen – die Leitung ist gestört!

**pump** [pʌmp] *n, v/t*
Our water **pump** is driven by an electric motor.

**Pumpe** *f*, **pumpen**
Unsere Wasserpumpe wird von einem Elektromotor angetrieben.

**pipe** [paɪp] *n syn:* tube
The **pipe** burst and there was water everywhere.

**Rohr** *n*, **Röhre** *f*
Das Rohr platzte, und überall war Wasser.

**spring** [sprɪŋ] *n*
The **spring** in this toy car is broken.
(⚠ *nicht:* **feather**)

**Feder** *f*
Die Feder in diesem Spielzeugauto ist kaputt.

**work** [wɜːk] *v/i*
I bought this watch yesterday but it doesn't **work**!

**funktionieren**
Ich habe gestern diese Uhr gekauft, aber sie funktioniert nicht!

## INFORMATIONSTECHNIK

**computer** [kəm'pjuːtə] *n*
My husband always sits at his **computer** in the evenings.

**Computer** *m*, **Rechner** *m*
Abends sitzt mein Mann immer am Computer!

**hardware** ['hɑːdweə] *n opp:* software
It is sometimes cheaper to buy new **hardware** than to have old **hardware** repaired.

**Hardware** *f*
Manchmal ist es billiger, neue Hardware zu kaufen, als alte reparieren zu lassen.

**software** ['sɒftweə] *n opp:* hardware
You aren't allowed to copy this **software**.

**Software** *f*
Diese Software darf man nicht kopieren.

**data** ['deɪtə] *n*
A lot of **data** was lost because of my mistake.

**Daten**
Durch meinen Fehler sind viele Daten verloren gegangen.

**menu** ['menjuː] *n*
In this **menu** you can see the various fonts.

**Menü** *n*
In diesem Menü sieht man die verschiedenen Schriftarten.

**printer** ['prɪntə] *n*
I need a new ink cartridge for my **printer**.

**Drucker** *m*
Ich brauche eine neue Tintenpatrone für meinen Drucker.

# MATERIALIEN

**hard** [hɑːd] *adj opp:* soft
This plastic is very **hard**, but it breaks easily.

**hart**
Dieser Kunststoff ist sehr hart, aber er bricht leicht.

**soft** [sɒft] *adj opp:* hard
I wear **soft** contact lenses.

**weich**
Ich trage weiche Kontaktlinsen.

**dry** [draɪ] *adj opp:* wet
Be careful! The paint isn't **dry** yet.

**trocken**
Pass auf! Die Farbe ist noch nicht trocken.

**wet** [wet] *adj opp:* dry
The cement is still **wet**.

**nass**
Dieser Zement ist immer noch nass.

**smooth** [smuːð] *adj opp:* rough
The surface of the table has to be **smooth**.

**glatt, eben**
Die Oberfläche des Tisches muss glatt sein.

**rough** [rʌf] *adj opp:* smooth
This wood ought to be sand-papered as it's still too **rough**.

**rau, grob, uneben**
Dieses Holz müsste geschmirgelt werden, weil es noch zu rau ist.

**powder** ['paʊdə] *n*
This powder should be mixed with cold water.

**Pulver** *n*, **Puder** *m*
Dieses Pulver sollte mit kaltem Wasser gemischt werden.

**from** [frɒm] *prp syn:* (out) of
These envelopes are made **from** recycled paper.

**aus**
Diese Briefumschläge sind aus Umweltpapier.

**(out) of** [(aʊt)əv] *prp syn:* from
This lens is made **of** plastic, and not glass.

**aus**
Diese Linse ist aus Plastik und nicht aus Glas.

**real** [rɪəl] *adj*
This metal looks like **real** gold but it is worthless.

**echt**
Dieses Metall sieht aus wie echtes Gold, aber es ist nichts wert.

**wood** [wʊd] *n*
The old table is made of valuable **wood**.

**Holz** *n*
Der alte Tisch ist aus kostbarem Holz.

**wooden** ['wʊdn] *adj*
I'm going to paint these old, **wooden** chairs.

**Holz..., hölzern**
Ich werde diese alten Holzstühle lackieren.

**stone** [stəʊn] *n*
A statue made of **stone** stands by the entrance to the house.

**Stein** *m*
Eine Statue aus Stein steht neben dem Hauseingang.

**coal** [kəʊl] *n*
My father used to work down the **coal** mine, but now he's unemployed.

**Kohle** *f*
Mein Vater hat früher in dem Kohlenbergwerk gearbeitet, aber jetzt ist er arbeitslos.

**oil** [ɔɪl] *n*
Petrol got more expensive as the price of **oil** rose.

**Öl** *n*
Benzin wurde teurer, als der Ölpreis anstieg.

**gas** [gæs] *n*
I prefer cooking with **gas** as it's so fast.

**Gas** *n*
Ich koche lieber mit Gas, weil es so schnell ist.

**cotton** ['kɒtn] *n*
This shirt is 100% **cotton**.

**Baumwolle** *f*
Dieses Hemd ist aus 100% Baumwolle.

**wool** [wʊl] *n*
Lynn's going to knit me a pullover if I buy the **wool**.

**Wolle** *f*
Lynn strickt mir einen Pullover, wenn ich dafür die Wolle kaufe.

**woollen** *Am* **woolen** ['wʊlən] *adj*
I've bought my granny a nice **woollen** blanket.

**Woll..., wollen**
Ich habe für meine Oma eine schöne Wolldecke gekauft.

**metal** ['metl] *n*
This machine has no **metal** parts.

**Metall** *n*
Diese Maschine hat keine Metallteile.

**gold** [gəʊld] *n*
The ring was made of cheap metal and not **gold**.

**Gold** *n*
Der Ring war aus billigem Metall, und nicht aus Gold.

**silver** ['sɪlvə] *n*
This **silver** cutlery belonged to my grandmother.

**Silber** *n*
Dieses Silberbesteck gehörte meiner Großmutter.

# Essen und Trinken

**food** [fuːd] *n* — **Nahrung** *f,* **Lebensmittel** *pl,* **Essen** *n*

I hate having to throw **food** away when there is so much hunger in the world. — Ich hasse es, Lebensmittel wegwerfen zu müssen, wenn es so viel Hunger auf der Welt gibt.

**eat** [iːt] *v/i, v/t* ⚠ **ate** [et, am eɪt], **eaten** ['iːtn] — **essen**

I feel sick – I've **eaten** too much chocolate! — Mir ist schlecht – ich habe zu viel Schokolade gegessen!

**drink** [drɪŋk] *v/i, v/t* ⚠ **drank** [dræŋk], **drunk** [drʌŋk] — **trinken**

You shouldn't **drink** so much alcohol. — Du solltest nicht so viel Alkohol trinken.

**have** [hæv] *v/t* ⚠ **had** [hæd], **had** [hæd] — **essen, trinken, rauchen**

I always **have** coffee after lunch. — Ich trinke immer Kaffee nach dem Mittagessen.

Simon **had** another biscuit and finished his cup of tea. — Simon aß noch einen Keks und trank seine Tasse Tee aus.

**hungry** ['hʌŋgrɪ] *adj opp:* thirsty — **hungrig**

The tiger watched me with a **hungry** look. — Der Tiger beobachtete mich mit hungrigem Blick.

**hunger** ['hʌŋgə] *n opp:* thirst — **Hunger** *m*

We have more than enough to eat, whilst other people are dying of **hunger**. — Wir haben mehr als genug zu essen, während andere Leute vor Hunger sterben.

**thirsty** ['θɜːstɪ] *adj opp:* hungry — **durstig**

Can I have something to drink? This work makes you **thirsty**. — Kann ich etwas zu trinken bekommen? Diese Arbeit macht durstig.

**thirst** [θɜːst] *n opp:* hunger — **Durst** *m*

Cold tea is excellent for quenching your **thirst**. — Kalter Tee ist ausgezeichnet, um den Durst zu stillen.

**meal** [miːl] *n* — **Mahlzeit** *f,* **Essen** *n*

Lee invited me round for a **meal**. — Lee hat mich zum Essen eingeladen.

**breakfast** ['brekfəst] *n*
Kathy goes jogging every day before **breakfast**.

**Frühstück** *n*
Kathy joggt jeden Tag vor dem Frühstück.

**lunch** [lʌntʃ] *n*
I always read the newspaper when I'm having **lunch**.

**Mittagessen** *n*
Beim Mittagessen lese ich immer die Zeitung.

**dinner** ['dɪnə] *n*
I'm going out for **dinner** with Jim this evening.

**Abendessen** *n*, **Mittagessen** *n*, **Essen** *n*
Heute Abend gehe ich mit Jim zum Essen.

**dish** [dɪʃ] *n*
They have a lot of interesting **dishes** on the menu.

**Gericht** *n*, **Speise** *f*
Sie haben auf der Speisekarte eine Menge interessanter Gerichte.

## LEBENSMITTEL

**bread** [bred] *n*
I think that English **bread** tastes like cotton wool!

**Brot** *n*
Ich finde, dass das englische Brot wie Watte schmeckt!

Ein Brot ist ***a loaf of bread.***

**roll** [rəʊl] *n*
I always have **rolls** for breakfast.

**Brötchen** *n*, **Semmel** *f*
Zum Frühstück esse ich immer Brötchen.

**milk** [mɪlk] *n*
We need some more **milk** – this is sour.

**Milch** *f*
Wir brauchen noch Milch – diese hier ist sauer.

**butter** ['bʌtə] *n*
Lisa never eats **butter** – just margarine.

**Butter** *f*
Lisa isst nie Butter – nur Margarine.

**cream** [kriːm] *n*
Would you like **cream** or milk in your coffee?

**Sahne** *f*, **Rahm** *m*, **Creme** *f*
Möchtest du Sahne oder Milch in deinen Kaffee?

**cheese** [tʃiːz] *n*
I think that cheddar is the best English **cheese**.

**Käse** *m*
Ich finde, dass Cheddar der beste englische Käse ist.

| | |
|---|---|
| **egg** [eg] *n*<br>Sam is a vegetarian, but he eats **eggs** and cheese. | **Ei** *n*<br>Sam ist Vegetarier, aber er isst Eier und Käse. |
| **rice** [raɪs] *n*<br>After my holiday in Malaysia I couldn't eat **rice** for a long time. | **Reis** *m*<br>Nach meinem Malaysiaurlaub konnte ich eine Zeit lang keinen Reis mehr essen. |
| **potato** [pə'teɪtəʊ] *n* ⚠ *pl* **potatoes** [pə'teɪtəʊz]<br>My daughter loves chips, but other than that she doesn't eat **potatoes.** | **Kartoffel** *f*<br>Meine Tochter liebt Pommes, aber sonst isst sie keine Kartoffeln. |

ⓘ Pommes sind im britischen Englisch ***chips***, Kartoffelchips sind ***crisps***.

| | |
|---|---|
| **soup** [suːp] *n*<br>I'd like tomato **soup** as a starter. | **Suppe** *f*<br>Ich möchte eine Tomatensuppe als Vorspeise. |
| **jam** [dʒæm] *n*<br>This strawberry **jam** tastes good – is it home-made? | **Marmelade** *f*, **Konfitüre** *f*<br>Diese Erdbeermarmelade schmeckt gut – ist sie selbstgemacht? |

ⓘ ***Marmalade*** wird nur aus Orangen und anderen Zitrusfrüchten gemacht.

| | |
|---|---|
| **cake** [keɪk] *n*<br>Joe is a good cook, but he can't bake **cakes**. | **Kuchen** *m*, **Torte** *f*<br>Joe ist ein guter Koch, aber er kann keine Kuchen backen. |
| **chocolate** ['tʃɒklət] *n*<br>Have you eaten the whole bar of **chocolate** up already? | **Schokolade** *f*<br>Hast du schon die ganze Tafel Schokolade aufgegessen? |
| **ice cream** [ˌaɪs 'kriːm] *n*<br>The Italians make the best **ice cream**, I think. | **(Speise)Eis** *n*, **Eiscreme** *f*<br>Die Italiener machen das beste Eis, finde ich. |
| **sweets** [swiːts] *pl*<br>No more **sweets**. Otherwise you won't be able to eat your supper! | **Süßigkeiten** *pl*<br>Keine Süßigkeiten mehr! Sonst wirst du dein Abendessen nicht essen können! |

**sweet** [swiːt] *adj opp:* sour, bitter
Turkish desserts are too **sweet** for me.

**süß**
Mir sind die türkischen Nachspeisen zu süß.

**sugar** [ˈʃʊgə] *n opp:* salt
I find it hard to go without **sugar**, but I want to lose weight.

**Zucker** *m*
Mir fällt es schwer, auf Zucker zu verzichten, aber ich will abnehmen.

**sour** [ˈsaʊə] *adj opp:* sweet
My son doesn't like grapefruit – they're too **sour** for him.

**sauer**
Mein Sohn mag keine Grapefruit – sie sind ihm zu sauer.

**bitter** [ˈbɪtə] *adj opp:* sweet
Cyanide is supposed to taste like **bitter** almonds!

**bitter**
Zyankali soll nach Bittermandeln schmecken!

**salt** [sɔːlt] *n opp:* sugar
My father is only allowed to eat a little **salt** because of his high blood pressure.

**Salz** *n*
Mein Vater darf wegen seines Bluthochdrucks nur wenig Salz essen.

**pepper** [ˈpepə] *n*
I love the smell of freshly-ground **pepper**!

**Pfeffer** *m*
Ich liebe den Geruch frisch gemahlenen Pfeffers!

**tin** [tɪn] *n syn:* can
The food here is awful – it's all out of a **tin**.

**Dose** *f*
Das Essen hier ist schrecklich! Alles aus der Dose!

**can** [kæn] *n syn:* tin *(Brit)*
I haven't got any beer in the fridge – just a **can** of lemonade.

**Dose** *f*, **Büchse** *f*
Ich habe kein Bier im Kühlschrank – nur eine Büchse Limo.

---

**meat** [miːt] *n*
I could never be a vegetarian because I like eating **meat** so much.

**Fleisch** *n*
Ich könnte nie Vegetarier werden, weil ich Fleisch so gern esse.

**pork** [pɔːk] *n*
Roy doesn't eat **pork** for religious reasons.

**Schweinefleisch** *n*, **Schweine...**
Roy isst aus religiösen Gründen kein Schweinefleisch.

**beef** [biːf] *n*
I could do without **pork** but not beef.

**Rindfleisch** *n*, **Rinds...**, **Rinder...**
Ich könnte auf Schweinefleisch verzichten, aber nicht auf Rindfleisch.

**chicken** ['tʃɪkɪn] *n*
I'm allowed to eat **chicken** sometimes as it's so lean.

**Huhn** *n*, **Hähnchen** *n*, **Hühner...**
Ich darf manchmal Hühnerfleisch essen, weil es so mager ist.

**sausage** ['sɒsɪdʒ, am 'sɒːsɪdʒ] *n*
**Sausages** in England sometimes look so pink and unappetising!

**Wurst** *f*, **Würstchen** *n*
Die Würstchen in England sehen manchmal so rosa und unappetitlich aus!

---

**fruit** [fruːt] *n*
In summer we often have **fruit** salad for dessert.

**Obst** *n*, **Früchte** *pl*
Im Sommer gibt es bei uns oft Obstsalat als Nachspeise.

**vegetables** ['vedʒtəblz] *pl*
My wife likes all **vegetables** apart from cauliflower.

**Gemüse** *n*
Meine Frau mag alle Gemüsesorten außer Blumenkohl.

**apple** ['æpl] *n*
We never have to buy **apples** as we've got an orchard.

**Apfel** *m*
Wir müssen nie Äpfel kaufen, weil wir einen Obstgarten haben.

**pear** [peə] *n*
We ought to collect up the **pears**, or else they'll attract the wasps.

**Birne** *f*
Wir sollten die Birnen aufsammeln, sonst werden die Wespen angelockt.

**orange** ['ɒrɪndʒ] *n*
I love citrus fruits – especially **oranges**.

**Orange** *f*, **Apfelsine** *f*
Ich liebe Zitrusfrüchte – Orangen ganz besonders.

**cherry** ['tʃerɪ] *n*
You ought not to eat so many **cherries** or you'll get stomachache.

**Kirsche** *f*
Du solltest nicht zu viele Kirschen essen, sonst bekommst du Bauchweh.

**nut** [nʌt] *n*
My son likes eating **nuts**, but he's too lazy to crack them!

**Nuss** *f*
Mein Sohn isst gern Nüsse, aber er ist zu faul, um sie zu knacken!

---

**drink** [drɪŋk] *n*

**Getränk** *n*, **Drink** *m*, **etwas zu trinken**

After work I went for a quick **drink** with some colleagues.

Nach der Arbeit bin ich mit Kollegen kurz etwas trinken gegangen.

I've already got the **drinks** for the guests in.

Ich habe schon die Getränke für die Gäste besorgt.

**tea** [tiː] *n*
**Tea** is often drunk with milk and sugar in England.

**Tee** *m*
In England wird oft Tee mit Milch und Zucker getrunken.

**coffee** ['kɒfɪ] *n*
My mother only drinks decaffeinated **coffee**.

**Kaffee** *m*
Meine Mutter trinkt nur koffeinfreien Kaffee.

**beer** [bɪə] *n*
Guinness is the name of a famous **beer** from Ireland.

**Bier** *n*
Guinness heißt ein berühmtes Bier aus Irland.

**wine** [waɪn] *n*
Would you prefer to have red or white **wine**?

**Wein** *m*
Trinkst du lieber Rotwein oder Weißwein?

**bottle** ['bɒtl] *n*
Should I open another **bottle** of wine?

**Flasche** *f*
Soll ich noch eine Flasche Wein aufmachen?

## ZUBEREITUNG DER SPEISEN

**boil** [bɔɪl] *v/i, v/t*
The water's taking ages to **boil**!

**kochen, sieden**
Es dauert ewig, bis das Wasser kocht!

ⓘ ***To boil*** heißt kochen im Sinne von auf (über) 100 °C erhitzen oder bei dieser Temperatur kochen, z.B. ***to boil an egg*** (ein Ei kochen). ***To cook*** heißt (warmes Essen) zubereiten, z.B. ***to cook the dinner*** (das Abendessen machen).

**bake** [beɪk] *v/t*
Charlie **bakes** the best cakes in the world!

**backen**
Charlie backt die besten Kuchen auf der Welt!

**fry** [fraɪ] *v/t*
I like my sausages **fried** rather than grilled.

**braten**
Ich mag Würstchen lieber gebraten als gegrillt.

ⓘ ***To fry*** heißt meist in der Pfanne braten oder frittieren, ***to roast*** im Backofen braten.

**roast** [rəʊst] *v/t, adj*
On Sundays my parents always have **roast** beef.

**braten, gebraten, ...braten**
Sonntags essen meine Eltern immer einen Rinderbraten.

**slice** [slaɪs] *n*
Could I have another **slice** of bread, please?

**Scheibe** *f*
Könnte ich bitte noch einen Scheibe Brot haben?

**drop** [drɒp] *n*
Careful with this chilli sauce! One **drop** is enough!

**Tropfen** *m*
Vorsicht mit dieser Chilisoße! Ein Tropfen reicht!

## GESCHIRR UND BESTECK

**dish** [dɪʃ] *n*
Can you put the potatoes in a **dish**?

**Schüssel** *f*
Kannst du die Kartoffeln in eine Schüssel geben?

**pot** [pɒt] *n*

**Topf** *m*, **Kanne** *f*, **Kännchen** *n*

Whenever I have a party I make a large **pot** of goulash.

Wenn ich ein Fest habe, koche ich immer einen großen Topf Gulasch.

Is there any tea left in the **pot**, or should I order another?

Ist noch Tee in der Kanne, oder soll ich noch eine bestellen?

**pan** [pæn] *n*
Use a different **pan** – everything sticks in that one!

**Pfanne** *f*, **(Stiel)Topf** *m*
Nimm doch eine andere Pfanne – in dieser brennt alles an!

**plate** [pleɪt] *n*
At the buffet, John filled his **plate** with various delicacies.

**Teller** *m*
Am Buffet hat John verschiede Köstlichkeiten auf seinem Teller aufgehäuft.

**cup** [kʌp] *n*
I'd like another **cup** of coffee, please.

**Tasse** *f*
Ich möchte noch eine Tasse Kaffe, bitte.

**glass** [glɑːs] *n*
One **glass** of wine is enough, thanks!

**Glas** *n*
Ein Glas Wein ist genug, danke!

**fork** [fɔːk] *n*
Put the **fork** to the left of the plate!

**Gabel** *f*
Leg die Gabel links vom Teller!

**knife** [naɪf] *n* ⚠
*pl* **knives** [naɪvz]
You can't cut anything with this blunt **knife**!

**Messer** *n*
Mit diesem stumpfen Messer kann man doch nichts schneiden!

**spoon** [spuːn] *n*
I haven't got a **spoon** for the soup.

**Löffel** *m*
Mir fehlt ein Löffel für die Suppe.

## RESTAURANT

**restaurant** ['restərənt] *n*
I like going to the Indian **restaurant** because it's so good and cheap.

**Restaurant** *n*
Ich gehe gern zum indischen Restaurant, weil es so gut und billig ist.

**bar** [bɑː] *n*
Shall we have an aperitif at the **bar**?

**Bar** *f*, **Theke** *f*
Wollen wir einen Aperitif an der Bar trinken?

**pub** [pʌb] *n*
You spend too much time with your friends in the **pub**!

**Pub** *n*, **Kneipe** *f*
Du verbringst zu viel Zeit mit deinen Freunden in der Kneipe!

**service** ['sɜːvɪs] *n*
The waiters here always expect a tip, although the **service** is very bad.

**Bedienung** *f*, **Service** *m*
Die Kellner hier erwarten immer ein Trinkgeld, obwohl der Service sehr schlecht ist.

**waiter** ['weɪtə] *n*
The **waiter** brought us the bill.

**Kellner** *m*, **Ober** *m*
Der Kellner brachte uns die Rechnung.

**waitress** ['weɪtrɪs] *n*
Barbara works as a **waitress** in a cafe on Saturdays.

**Kellnerin** *f*, **Bedienung** *f*
Samstags arbeitet Barbara als Bedienung in einem Café.

**serve** [sɜːv] *v/i, v/t*
The steaks here are **served** with salad and potatoes.

**bedienen, servieren, anbieten**
Die Steaks hier werden mit Salat und Kartoffeln serviert.

**order** ['ɔːdə] *n, v/t* — **Bestellung** *f,* **(sich) bestellen**
Shall we **order** the drinks first? — Wollen wir zuerst die Getränke bestellen?

**tip** [tɪp] *n* — **Trinkgeld** *n*
You forgot to give the waitress a **tip**. — Du hast vergessen, der Kellnerin ein Trinkgeld zu geben.

## REISE

**go** [gəʊ] *v/i* ⚠ **went** [went], **gone** [gɔn] — **fahren, reisen**
Did you **go** to Italy by train or by car? — Seid ihr mit dem Zug oder mit dem Auto nach Italien gefahren?

**travel** ['trævl] *v/i* — **reisen**
When John has finished university he wants to **travel** around America. — Wenn John mit der Universität fertig ist, will er durch Amerika reisen.

**trip** [trɪp] *n* — **Reise** *f,* **Ausflug** *m*
The boat **trip** is at 8.00 but we should be at the pier at 7.30. — Die Bootsfahrt ist um 8.00 Uhr, aber wir sollen um 7.30 am Anleger sein.

**start** [stɑːt] *v/i* — **aufbrechen, abreisen, losfahren**
We ought to **start** early to avoid the traffic jams. — Wir sollten früh aufbrechen, damit wir die Staus vermeiden.

**leave** [liːv] *v/i opp:* arrive ⚠ **left** [left], **left** [left] — **abfahren, abreisen, abfliegen**
The train **leaves** at 10.00. — Der Zug fährt um 10.00 Uhr ab.

**run** [rʌn] *v/i* ⚠ **ran** [ræn], **run** [rʌn] — **fahren, verkehren**
Trains from Exmouth to Exeter **run** every 30 minutes. — Züge von Exmouth nach Exeter verkehren alle 30 Minuten.

**timetable** ['taɪmˌteɪbl] *n syn:* schedule *(Am)* — **Fahrplan** *m,* **Flugplan** *m*
We ought to take a **timetable** with us, so that we know when the busses are going back. — Wir sollten einen Fahrplan mitnehmen, damit wir wissen, wann die Busse zurückfahren.

**arrival** [ə'raɪvl] *n opp:* departure — **Ankunft** *f*

Shortly after his **arrival** he went to his hotel. — Kurz nach seiner Ankunft fuhr er zu seinem Hotel.

**departure** [dɪ'pɑːtʃə] *n opp:* arrival — **Abflug** *m,* **Abfahrt** *f*

There is a delay due to work on the tracks. The **departure** time is now 8.45. — Wegen Gleisarbeiten kommt es zu Verspätungen. Die Abfahrtzeit ist jetzt 8.45.

**catch** [kætʃ] *v/t opp:* miss ⚠ **caught** [kɔːt], **caught** [kɔːt] — **erreichen, bekommen**

If you don't hurry we won't **catch** the train! — Wenn du dich nicht beeilst, werden wir den Zug nicht erreichen!

**miss** [mɪs] *v/t opp:* catch — **versäumen, verpassen, nicht erreichen**

We've **missed** the train now because you took ages! — Jetzt haben wir den Zug verpasst, weil du ewig gebraucht hast!

**passenger** ['pæsɪndʒə] *n* — **Passagier** *m,* **Fahr-, Fluggast** *m,* **Reisende(r), Insasse** *m*

**Passengers** are requested to fasten their seat belts. — Die Passagiere werden gebeten, ihre Sicherheitsgurte anzulegen.

**ticket** ['tɪkɪt] *n* — **Fahrkarte** *f,* **Fahrschein** *m,* **Flugticket** *n*

I've got my passport with me, but I can't find my **ticket**. — Meinen Pass habe ich dabei, aber ich kann meine Fahrkarte nicht finden.

**luggage** ['lʌgɪdʒ] *n syn:* baggage *(Am)* — **Gepäck** *n*

It is not advisable to leave any valuables in your **luggage**. — Es ist nicht ratsam, irgendwelche Wertsachen im Gepäck zu lassen.

**abroad** [ə'brɔːd] *adv opp:* (at) home — **im Ausland, ins Ausland**

My son wants to live **abroad** for a year. — Mein Sohn will ein Jahr im Ausland leben.

**customs** ['kʌstəmz] *pl* — **Zoll** *m*, **Zollabfertigung** *f*

I often used to get stopped at **customs** – perhaps I looked suspicious! — Früher bin ich oft am Zoll angehalten worden – vielleicht habe ich verdächtig ausgesehen!

**way** [weɪ] *n* — **Weg** *m*, **Richtung** *f*

We ought to ask somebody the **way**. — Wir sollten jemanden nach dem Weg fragen.

**guide** [gaɪd] *n* — **Führer(in), Reiseführer** *m*

We always read travel **guides** before our holidays. — Vor dem Urlaub lesen wir immer Reiseführer.

If we want to do a jungle tour, we'll need a **guide**. — Wenn wir einen Dschungeltour machen wollen, brauchen wir einen Führer.

**stay** [steɪ] *n, v/i* — **Aufenthalt** *m*, **sich aufhalten, wohnen**

We'll be **staying** in a small fishing village. — Wir werden in einem kleinen Fischerdorf wohnen.

(⚠ *nicht:* living)

We hope you have a pleasant **stay** in Glasgow. — Wir wünschen Ihnen einen angenehmen Aufenthalt in Glasgow.

**hotel** [həʊ'tel] *n* — **Hotel** *n*

Our **hotel** in London was quite small and very expensive. — Unser Hotel in London war ziemlich klein und sehr teuer.

## VERKEHR

**traffic** ['træfɪk] *n* — **Verkehr** *m*

The **traffic** is very slow at the moment because of road works. — Wegen einer Baustelle ist der Verkehr zur Zeit sehr langsam.

**noise** [nɔɪz] *n* — **Lärm** *m*, **Krach** *m*

When the windows are open you can hear all the **noise** from the street. — Wenn die Fenster offen sind, hört man den ganzen Lärm von der Straße.

**driver** ['draɪvə] *n* — **Fahrer** *m*, **Fahrerin** *f*

The taxi **driver** didn't know where the street was either. — Der Taxifahrer wusste auch nicht, wo die Straße war.

**drive** [draɪv] *v/i, v/t* — **fahren, Auto fahren**

Can you still **drive**? I've already had two glasses of wine. — Kannst du noch Auto fahren? Ich habe schon zwei Gläser Wein getrunken.

Can I **drive** you home? — Kann ich dich nach Hause fahren?

**ride** [raɪd] *v/i, v/t* — **fahren**

I used to like **riding** my motorbike. — Früher bin ich gerne mit meinem Motorrad gefahren.

(⚠ *nicht:* drive)

**turn** [tɜːn] *v/i, n* — **abbiegen, Abbiegen** *n*

I wanted to make a right **turn** here, but you're only allowed to drive straight on. — Ich wollte hier rechts abbiegen, aber man darf nur geradeaus fahren.

You should have **turned** left! — Du hättest links abbiegen müssen!

**cross** [krɒs] *v/t* — **überqueren**

You should take care **crossing** this road – the cars drive very fast here. — Du solltest gut aufpassen, wenn du diese Straße überquerst – die Autos fahren hier sehr schnell.

**park** [pɑːk] *v/i, v/t* — **parken**

I found a place to **park** right in front of the entrance. — Direkt vorm Eingang habe ich einen Parkplatz gefunden.

**stop** [stɒp] *n* — **Haltestelle** *f*, **Halt** *m*

I think we ought to have got out at the last **stop**. — Ich glaube, wir hätten an der letzten Haltestelle aussteigen müssen.

**bus stop** ['bʌs stɒp] *n* — **Bushaltestelle** *f*

We waited for ages at the **bus stop** before the bus came. — Wir warteten ewig an der Bushaltestelle, bis der Bus kam.

*Brit* **petrol** ['petrəl] *n syn:* gas — **Benzin** *n*

I'm just going to the garage – I've got hardly any **petrol** left. — Ich fahre zur Tankstelle – ich habe kaum noch Benzin.

*Am* **gas** [gæs] *n syn:* petrol *(Brit)* — **Benzin** *n*

Do we need any more **gas**, or is there enough to get us to Santa Barbara? — Brauchen wir noch Benzin, oder reicht es bis Santa Barbara?

**car** [kɑː] *n*
I sold my **car** because I hardly ever used it.

**Auto** *n*, **Wagen** *m*
Ich habe mein Auto verkauft, weil ich es kaum je benutzt habe.

**motorbike** ['məʊtəˌsaɪkl] *n*
*syn:* motorcycle
I've got a **motorbike** but my girlfriend never rides with me.

**Motorrad** *n*
Ich besitze ein Motorrad, aber meine Freundin fährt nie mit.

**bicycle** ['baɪsɪkl] *n syn:* bike
Mr Jones rides his **bicycle** whatever the weather.

**Fahrrad** *n*
Mr Jones fährt bei jedem Wetter mit dem Fahrrad.

**bus** [bʌs] *n*
The **bus** was full of schoolchildren so I had to wait for the next one.

**Bus** *m*
Der Bus war voller Schulkinder, und ich musste auf den nächsten warten.

*Brit* **coach** [kəʊtʃ] *syn:* bus *(Am)*
We travelled in a large group to Devon by **coach** .

**(Reise)Bus** *m*
Wir sind mit einer großen Gruppe mit dem Bus nach Devon gefahren.

*Brit* **tram** [træm] *n syn:* streetcar *(Am)*
We often went by **tram** in Lisbon.

**Straßenbahn** *f*
In Lissabon sind wir öfters mit der Straßenbahn gefahren.

**taxi** ['tæksɪ] *n syn:* cab
We'll have to call a **taxi** as the last bus has already gone.

**Taxi** *n*
Wir müssen ein Taxi rufen, weil der letzte Bus schon weg ist.

**wheel** [wiːl] *n*
My brother used to have a strange car with three **wheels**.

**Rad** *n*
Mein Bruder hatte früher ein seltsames Auto mit drei Rädern!

**railway** ['reɪlweɪ], *Am* **railroad** ['reɪlrəʊd] *n*
The **railway** network around this area is very good.

**(Eisen)Bahn** *f*
Das Eisenbahnnetz ist hier in der Gegend sehr gut.

**train** [treɪn] *n*
The last **train** left at midnight.

**Zug** *m*, **Bahn** *f*
Der letzte Zug ist schon um Mitternacht abgefahren.

| | |
|---|---|
| **engine** ['endʒɪn] *n* | **Lok** *f*, **Lokomotive** *f* |
| I think the old steam **engines** were a lot nicer than the modern electric ones. | Ich finde, dass die alten Dampfloks viel schöner waren als die modernen Elektroloks. |
| *Brit* **underground** ['ʌndəgraʊnd] *n syn:* subway *(Am)* | **U-Bahn** *f* |
| I don't like travelling by **underground** in London because you don't see anything of the city. | In London fahre ich ungern mit der U-Bahn, weil man nichts von der Stadt sieht. |
| **station** ['steɪʃn] *n* | **Bahnhof** *m*, **Station** *f* |
| Trains bound for the north leave from this **station**. | Von diesem Bahnhof aus fahren die Züge Richtung Norden. |
| **change** ['tʃeɪndʒ] *v/i* | **umsteigen** |
| Does this train travel non-stop to Plymouth, or do I have to **change**? | Fährt der Zug direkt nach Plymouth, oder muss ich umsteigen? |

| | |
|---|---|
| **plane** [pleɪn] *n syn:* aircraft | **Flugzeug** *n* |
| The **plane** was hijacked by terrorists. | Der Flugzeug wurde von Terroristen entführt. |
| **flight** [flaɪt] *n* | **Flug** *m* |
| The **flight** was somewhat unpleasant due to turbulence. | Wegen Turbulenzen war der Flug etwas unangenehm. |
| **airport** ['eəpɔːt] *n* | **Flughafen** *m* |
| We went to the **airport** by taxi. | Wir fuhren mit dem Taxi zum Flughafen. |
| **airline** ['eəlaɪn] *n* | **Fluggesellschaft** *f* |
| I'm going to write to the **airline** because the personnel were so unfriendly. | Ich werde einen Brief an die Fluggesellschaft schreiben, weil das Personal so unfreundlich war. |

| | |
|---|---|
| **ship** [ʃɪp] *n syn:* boat | **Schiff** *n* |
| Jane travelled to America on board an old **ship**. | Jane ist auf einem alten Schiff nach Amerika gefahren. |
| **boat** [bəʊt] *n* | **Boot** *n*, **Schiff** *n* |
| We went from island to island in a small **boat**. | Wir sind mit einem kleinen Boot von Insel zu Insel gefahren. |

**port** [pɔːt] *n syn:* harbour — **Hafen** *m*, **Hafenstadt** *f*

A lot of cars were standing in a queue at the **port** because of the ferry to Sardinia. — Wegen der Sardinienfähre warteten viele Autos am Hafen in einer Reihe.

**harbour**, *Am* **harbor** ['hɑːbə] *n syn:* port — **Hafen** *m*

There is a fish market at the **harbour** every morning. — Jeden Morgen ist Fischmarkt am Hafen.

**captain** ['kæptn] *n* — **Kapitän** *m*

We hardly ever saw the **captain** of the ship. — Den Kapitän des Schiffs haben wir nur selten gesehen.

---

**satellite** ['sætɪlaɪt] *n* — **Satellit** *m*

It wasn't a shooting star but a **satellite** that we saw in the night sky. — Es war keine Sternschnuppe sondern ein Satellit, den wir am Nachthimmel sahen.

**rocket** ['rɒkɪt] *n* — **Rakete** *f*

We could hear the **rockets** hitting their targets from a long way off. — Von weitem konnten wir hören, wie die Raketen einschlugen.

**astronaut** ['æstrənɔːt] *n* — **Astronaut** *m*, **Astronautin** *f*

All the **astronauts** were killed in the Challenger disaster. — Beim Challengerunfall kamen alle Astronauten ums Leben.

## LÄNDER

**Africa** ['æfrɪkə] — **Afrika** *n*

**America** [ə'merɪkə] — **Amerika** *n*

**England** ['ɪŋglənd] — **England** *n*

**Europe** ['jʊərəp] — **Europa** *n*

**Germany** ['dʒɜːmənɪ] — **Deutschland** *n*

**Great Britain** [ˌgreɪt 'brɪtn] — **Großbritannien** *n*

*the* **United States** [jʊˌnaɪtɪd 'steɪts], *the* **USA** [ˌjuːes'eɪ] — *die* **Vereinigten Staaten**, *die* USA

## SPRACHEN UND NATIONALITÄTEN

| | |
|---|---|
| **American** [ə'merɪkən] *adj, n* | **amerikanisch, Amerikaner(in)** |
| **British** ['brɪtɪʃ] *adj* | **britisch** |
| **English** ['ɪŋglɪʃ] *adj, n* | **englisch, Englisch** *n* |
| *the* **English** ['ɪŋglɪʃ] *n* | *die* **Engländer** |
| **Englishman** ['ɪŋglɪʃmən] *n pl* **-men** [-mən] | *pl* **Engländer** *m* |
| **Englishwoman** ['ɪŋglɪʃwʊmən] *n pl* **-women** [-wɪmɪn] | **Engländerin** *f* |
| **European** [ˌjʊərə'piːən] *adj, n* | **europäisch, Europäer(in)** |
| **German** ['dʒɜːmən] *adj, n* | **deutsch, Deutsch** *n,* **Deutsche(r)** |

## JAHRESABLAUF

| | |
|---|---|
| **year** [jɪə] *n*<br>Ed has been living in Germany for three **years**. | **Jahr** *n*<br>Ed lebt schon drei Jahre in Deutschland. |

ⓘ Ein halbes oder dreiviertel Jahr wird im Englischen meist durch ***six*** oder ***nine months*** ausgedrückt.

| | |
|---|---|
| **season** ['siːzn] *n*<br>My favourite **season** is spring. | **Jahreszeit** *f, ...***zeit** *f*<br>Meine liebste Jahreszeit ist der Frühling. |
| **spring** [sprɪŋ] *n*<br>I start working in the garden in **spring**. | **Frühling** *m,* **Frühjahr** *n*<br>Im Frühjahr fange ich an, im Garten zu arbeiten. |
| **summer** ['sʌmə] *n opp:* winter<br>Last **summer** was much too hot for me. | **Sommer** *m*<br>Der letzte Sommer war mir viel zu heiß. |
| **autumn** ['ɔːtəm] *n syn:* fall *(Am)*<br>I love the colourful leaves in **autumn**. | **Herbst** *m*<br>Im Herbst liebe ich die bunten Blätter. |

*Am* **fall** [fɔːl] *n syn:* autumn — **Herbst** *m*
We had very rainy weather last **fall**. — Im letzten Herbst hatten wir sehr regnerisches Wetter.

**winter** ['wɪntə] *n opp:* summer — **Winter** *m*
I'd like to learn how to ski next **winter**. — Im nächsten Winter möchte ich Ski fahren lernen.

**month** [mʌnθ] *n* — **Monat** *m*
The coldest **month** here on the coast is February. — Hier an der Küste ist Februar der kälteste Monat.

**week** [wiːk] *n* — **Woche** *f*
We go to our Italian course every **week**. — Wir gehen jede Woche in unseren Italienischkurs.

**day** [deɪ] *n opp:* night — **Tag** *m*
I had a tiring **day** today. — Heute hatte ich einen anstrengenden Tag.

**daily** ['deɪlɪ] *adj* — **täglich, Tages...**
I have to take these tablets twice **daily**. — Diese Tabletten muss ich zweimal täglich einnehmen.

**holiday** ['hɒlədeɪ] *n* — **Feiertag** *m*
It's a long weekend because Monday is a **holiday**. — Es ist ein langes Wochenende, weil Montag ein Feiertag ist.

## MONATSNAMEN

**January** ['dʒænjʊərɪ] *n* — **Januar** *m*

**February** ['februərɪ] *n* — **Februar** *m*

**March** [mɑːtʃ] *n* — **März** *m*

**April** ['eɪprəl] *n* — **April** *m*

**May** [meɪ] *n* — **Mai** *m*

**June** [dʒuːn] *n* — **Juni** *m*

**July** [dʒʊ'laɪ] *n* — **Juli** *m*

**August** ['ɔːgəst] *n* — **August** *m*

| | |
|---|---|
| **September** [sep'tembə] *n* | **September** *m* |
| **October** [ɒk'təʊbə] *n* | **Oktober** *m* |
| **November** [nəʊ'vembə] *n* | **November** *m* |
| **December** [dɪ'sembə] *n* | **Dezember** *m* |

## WOCHENTAGE

| | |
|---|---|
| **Sunday** ['sʌndeɪ] *n* | **Sonntag** *m* |
| **Monday** ['mʌndeɪ] n | **Montag** *m* |
| **Tuesday** ['tju:zdeɪ] *n* | **Dienstag** *m* |
| **Wednesday** ['wenzdeɪ] *n* | **Mittwoch** *m* |
| **Thursday** ['θɜ:zdeɪ] *n* | **Donnerstag** *m* |
| **Friday** ['fraɪdeɪ] *n* | **Freitag** *m* |
| **Saturday** ['sætədeɪ] *n* | **Samstag** *m*, **Sonnabend** *m* |

## TAGESZEIT

**morning** ['mɔ:nɪŋ] *n opp:* evening — **Morgen** *m*

In the **mornings** Anne feels her best. — Am Morgen fühlte sich Anne immer am besten.

**afternoon** [ˌɑ:ftə'nu:n] *n* — **Nachmittag** *m*

I'm taking the **afternoon** off because I've got a headache. — Ich nehme heute Nachmittag frei, weil ich Kopfweh habe.

**evening** ['i:vnɪŋ] *n opp:* morning — **Abend** *m*

Are you doing anything this **evening**? — Hast du heute Abend schon irgendetwas vor?

**night** [naɪt] *n opp:* day — **Nacht** *f*, **Abend** *m*

I woke up in the middle of the **night**. — Mitten in der Nacht bin ich aufgewacht.

# UHRZEIT

**what time** [ˌwɒt 'taɪm] — **um wie viel Uhr**
**What time** are you coming round this evening? — Um wie viel Uhr kommst du heute Abend vorbei?

**at** [ət, betont: æt] *prp* — **um**
The football match starts **at** 3 o'clock. — Das Fußballspiel fängt um 15.00 Uhr an.

**o'clock** [ə'klɒk] — **Uhr** *(in Zeitangaben)*
The news is on at 10 **o'clock**. — Die Nachrichten kommen um 10.00 Uhr.

**hour** ['aʊə] *n* — **Stunde** *f*
The programme only goes on for an **hour**. — Die Sendung dauert nur eine Stunde.

**quarter** ['kwɔːtə] *n* — **Viertel** *n*
My English lesson finishes at (a) **quarter** past nine. — Mein Englischunterricht endet um Viertel nach neun.
→ *past*

**minute** ['mɪnɪt] *n* — **Minute** *f*
I just need another **minute**, then I'll be ready. — Ich brauche nur noch eine Minute, dann bin ich fertig.

**second** ['sekənd] *n* — **Sekunde** *f*
In this business every **second** counts! — In diesem Geschäft kommt es auf jede Sekunde an!

**past** [pɑːst] *prp* — **nach**
It's (a) quarter **past** three. (⚠ *nicht:* o'clock) — Es ist Viertel nach drei.
It's half **past** nine. (⚠ *nicht:* o'clock) — Es ist halb zehn. (⚠ *nicht:* halb neun)

ⓘ Es ist oft einfacher und klarer, die Uhrzeit wie im Fahrplan auszudrücken, also ***1.15 (one fifteen), 2.30 (two thirty)*** oder ***4.45 (four forty-five).***

**to** [tə] *prp* — **vor**
The train arrives at twenty **to** eight. — Der Zug kommt um zwanzig vor acht an.

# ANDERE ZEITBEGRIFFE

**time** [taɪm] *n*
You never have **time** for me!
What's the **time**?

**Zeit** *f*
Du hast nie Zeit für mich!
Wie spät ist es?

**when** [wen] *adv*
**When** will you be finished with the order?

**wann**
Wann bist du mit dem Auftrag fertig?

**when** [wen] *cj*
We always visit the sights **when** we're on holiday.

**When** I was a child I had a dog.
→ *if*

**wenn, als**
Wir besichtigen immer die Sehenswürdigkeiten, wenn wir im Urlaub sind.
Als ich ein Kind war, hatte ich einen Hund.

**in** [ɪn] *prp*
England won the World Cup **in** 1966.

**im Jahre**
England gewann die Fußballweltmeisterschaft im Jahre 1966.

**while** [waɪl] *cj syn:* as, when
Could you water the flowers **while** I'm away?
→ *during*

**während, als**
Könntest du die Blumen gießen, während ich weg bin?

**during** ['djʊərɪŋ] *prp*
I never smoke **during** work.

**während**
Ich rauche nie während der Arbeit.

**century** ['sentʃərɪ] *n*
The Internet became popular at the beginning of the twenty-first **century**.

**Jahrhundert** *n*
Das Internet wurde am Anfang des 21. Jahrhunderts populär.

**date** [deɪt] *n*
What's the **date** today?

**Datum** *n*
Was haben wir heute für ein Datum?

**now** [naʊ] *adv*
You should do your homework **now**!

**jetzt, nun, heute**
Du solltest deine Hausaufgaben jetzt machen!

**present** ['preznt] *n, adj opp:* past, future
The **present** problems are worrying me most of all.

**Gegenwart** *f*, **gegenwärtig, jetzig**
Die gegenwärtigen Probleme bereiten mir die meisten Sorgen.

**today** [tə'deɪ] *adv* — **heute**
I only got the letter **today**. — Ich habe den Brief erst heute bekommen.

**moment** ['məʊmənt] *n* — **Moment** *m*, **Augenblick** *m*
Can I speak to you for a **moment**? — Kann ich Sie einen Augenblick sprechen?

**past** [pɑːst] *n opp:* present, future — **Vergangenheit** *f*
Jerry lives in the **past** – he hasn't even got a computer! — Jerry lebt in der Vergangenheit – er hat nicht einmal einen Computer!

**former** ['fɔːmə] *adj* — **ehemalige(r), frühere(r)**
I saw my **former** girlfriend on Saturday. — Am Samstag habe ich meine ehemalige Freundin gesehen.

**yesterday** ['jestədɪ] *adv* — **gestern**
Did you see the film on TV **yesterday**? — Hast du den Film gestern im Fernsehen gesehen?

**ago** [ə'gəʊ] *adj* — **vor**
We were in Australia eleven years **ago**. — Wir waren vor elf Jahren in Australien.
(⚠ *nicht:* for eleven years)
→ *for*

**future** ['fjuːtʃə] *n opp:* past — **Zukunft** *f*
I hope you'll be more careful in **future**! — Ich hoffe, dass du in Zukunft besser aufpasst!

**near** [nɪə] *adj* — **nahe**
There won't be any new projects in the **near** future. — In naher Zukunft wird es keine neuen Projekte geben.

**tomorrow** [tə'mɒrəʊ] *adv* — **morgen**
I haven't got any time today. Can you come round **tomorrow**? — Ich habe heute keine Zeit. Kannst du morgen vorbeikommen?

---

**until** [ʌn'tɪl] *prp syn:* till, to — **bis**
Please look after my suitcase **until** I get back. — Pass bitte auf meinen Koffer auf, bis ich zurückkomme.

**till** [tɪl] *prp syn:* until, to — **bis**
I'm working **till** five and after that I'll pop round. — Ich arbeite bis fünf, und komme danach schnell vorbei.

| | |
|---|---|
| **for** [fə] *prp*<br>Kay worked in Scotland **for** ten years. | **lang**<br>Kay arbeitete zehn Jahre lang in Schottland.<br>(⚠ *nicht:* vor zehn Jahren) |
| **since** [sɪns] *prp, cj*<br>Tony has been working in the garden **since** this morning. | **seit**<br>Tony arbeitet schon seit heute früh im Garten. |
| **for** [fə] *prp*<br>I've been waiting for you **for** hours!<br>(⚠ *nicht:* since) | **seit**<br>Ich warte schon seit Stunden auf dich! |

ⓘ Das deutsche seit wird durch ***for*** ausgedrückt, wenn es sich auf einen Zeitraum bezieht, z.B. ***for two months*** (seit zwei Monaten), durch ***since,*** wenn es sich auf einen Zeitpunkt bezieht, z.B. ***since January*** (seit Januar).

| | |
|---|---|
| **still** [stɪl] *adv*<br>Joanne was **still** sitting in the office when I went home. | **noch, immer noch**<br>Joanne saß noch im Büro, als ich nach Hause ging. |
| **long** [lɒŋ] *adj, adv*<br>It was a **long** time before Ron noticed the mistake. | **lang, lange**<br>Es hat lang gedauert, bis Ron den Fehler gemerkt hat. |
| **forever** [fər'evə] *adv*<br>I'll love you **forever**! | **(für) immer, ewig**<br>Ich werde dich immer lieben! |

---

| | |
|---|---|
| **ever** ['evə] *adv*<br>Have you **ever** seen a ghost? | **je, jemals, schon einmal**<br>Hast du schon einmal ein Gespenst gesehen? |
| **always** ['ɔːlweɪz] *adv opp:*<br>Fred **always** tells the same jokes! | **immer**<br>Fred erzählt immer dieselben Witze! |
| **often** ['ɒfn] *adv opp:* rarely, seldom<br>My husband **often** gives me flowers when he gets home. | **oft**<br>Mein Mann schenkt mir oft Blumen, wenn er nach Hause kommt. |
| **sometimes** ['sʌmtaɪmz] *adv*<br>I **sometimes** cook, but I usually eat out. | **manchmal**<br>Manchmal koche ich, aber meistens gehe ich essen. |

**rarely** ['reəlɪ] *adv syn:* seldom, *opp:* often — **selten, kaum**
Since George got married I **rarely** see him. — Seit George verheiratet ist, sehe ich ihn selten.

**never** ['nevə] *adv opp:* always — **nie, niemals**
I like aubergines, but I've **never** cooked them myself. — Ich mag Auberginen, aber ich habe sie noch nie selbst gekocht.

---

**already** [ɔːl'redɪ] *adv* — **schon, bereits**
I've **already** invited Julie, but not Sharon. — Julie habe ich schon eingeladen, aber Sharon noch nicht.

**before** [bɪ'fɔː] *prp, cj, adv opp:* after — **vor, bevor, vorher, (früher) schon einmal**
Wash your hands **before** supper! — Wasch dir die Hände vor dem Abendessen!
**Before** I got this job, I was unemployed for years. — Bevor ich diesen Job bekam, war ich jahrelang arbeitslos.
I've got the feeling I've been here **before**. — Ich habe das Gefühl, dass ich schon einmal hier war.

**just** [dʒʌst] *adv* — **gerade, soeben**
You're too late – Sam has **just** left. — Du kommst zu spät – Sam ist gerade gegangen.

**on time** [ɒn 'taɪm] *adv opp:* late — **pünktlich**
Mr Simmons isn't here yet, although he's always **on time**. — Mr Simmons ist noch nicht da, obwohl er immer so pünktlich ist.

**in time** [ɪn 'taɪm] *adv* — **rechtzeitig**
We won't get there **in time** if you drive so slowly! — Wir werden nicht rechtzeitig ankommen, wenn du so langsam fährst!

**early** ['ɜːlɪ] *adj, adv opp:* late — **früh(zeitig), zu früh, früher (als üblich** *usw.***)**
You're much too **early** – I'm not ready yet! — Du kommst viel zu früh – ich bin noch nicht fertig!

**only** ['əʊnlɪ] *adv* — **erst**
Frank wanted to go home, although it was **only** ten o'clock. — Frank wollte nach Hause gehen, obwohl es erst zehn war.

**soon** [suːn] *adv*
Please write to me as **soon** as possible!

**bald**
Bitte schreib mir so bald wie möglich!

**first** [fɜːst] *adv*
Look at that buffet! I don't know what to have **first**!

**zuerst, erst, als erste(r, -s)**
Sieh dir das Büfett an! Ich weiß nicht, was ich zuerst essen soll!

**at once** [ət 'wʌns] *adv*

**sofort, gleichzeitig, auf einmal**

Please leave my house **at once**!
Bitte verlassen Sie sofort mein Haus!

I can't do everything **at once**!
Ich kann doch nicht alles auf einmal machen!

**then** [ðen] *adv*
We went for a walk and **then** for lunch.

**dann, danach**
Wir sind spazieren gegangen, und danach zum Mittagessen.

**after** ['ɑːftə] *prp, cj, adv opp:* before

**nach, nachdem, danach**

**After** Yvonne had written the letter, she tore it up.
Nachdem Yvonne den Brief geschrieben hatte, zerriss sie ihn.

My wife takes the dog for a walk **after** breakfast.
Nach dem Frühstück geht meine Frau mit dem Hund spazieren.

**afterwards** ['ɑːftəwədz] *adv*
We could go for a meal, and **afterwards** to the cinema.

**danach, nachher**
Wir könnten essen gehen und danach ins Kino.

**late** [leɪt] *adj, adv opp:* early

**spät, verspätet, zu spät, später (als üblich** *usw.***)**

Harry often comes home **late**. (⚠ *nicht:* lately)
Harry kommt oft spät nach Hause.

Caroline was afraid that she would be **late** for work again.
Caroline hatte Angst, dass sie schon wieder zu spät zur Arbeit kommen würde.

**later** ['leɪtə] *adv*
Maria and I want to meet **later**.

**später**
Maria und ich wollen uns später treffen.

**last** [lɑːst] *adj, adv opp:* first

**letzte(r), als letzte(r, -s), zuletzt**

Sorry to be the **last**!
Es tut mir Leid, dass ich der Letzte bin!

That's the **last** time I eat here!
Das ist das letzte Mal, dass ich hier esse!

**at last** [ət 'lɑːst] *adv syn:* finally — **endlich**

Dave has passed his driving test **at last**! — Dave hat die Fahrprüfung endlich geschafft!

## ZEITLICHER ABLAUF

**ready** ['redɪ] *adj* — **fertig**

Are you **ready** yet? We have to leave. — Bist du schon fertig? Wir müssen gleich fahren.

→ *finished*

**begin** [bɪ'gɪn] *v/i, v/t syn:* start, *opp:* end, finish ⚠ **began** [bɪ'gæn], **begun** [bɪ'gʌn] — **beginnen, anfangen**

The car isn't ready yet, because they only **began** repairing it today. — Das Auto ist noch nicht fertig, weil sie erst heute mit der Reparatur begonnen haben.

**start** [stɑːt] *n, v/i, v/t* — **Anfang** *m,* **anfangen, beginnen**

The film **starts** at 8 o'clock. — Der Film fängt um 20.00 Uhr an.

**stay** [steɪ] *v/i opp:* leave — **bleiben**

I can't **stay** any longer as I have to get up early tomorrow. — Ich kann nicht länger bleiben, weil ich morgen früh aufstehen muss.

**keep** [kiːp] *v/i* ⚠ **kept** [kept], **kept** [kept] — **bleiben**

I don't understand how you can **keep** so calm – the situation is serious! — Ich verstehe nicht, wie du so ruhig bleiben kannst – die Situation ist ernst!

**continue** [kən'tɪnjuː] *v/i, v/t syn:* go on *opp:* stop, end — **weitergehen, weitermachen, fortfahren, fortsetzen**

Before I **continue** – do you have any questions? — Bevor ich fortfahre – haben Sie irgendwelche Fragen?

**go on** [ˌgəʊ 'ɒn] *v/i syn:* happen, continue — **vorgehen, geschehen, weitermachen, fortfahren**

What's **going on** up there? Are the kids fighting again? — Was ist da oben los? Streiten sich die Kinder wieder?

I interrupted you – do **go on**, please. — Ich habe dich unterbrochen – fahr doch bitte fort.

**time** [taɪm] *n*
I ate octopus for the first **time** on holiday.
We've been to Milan several **times**.
→*twice*

**Mal** *n*
Ich habe im Urlaub zum ersten Mal Oktopus gegessen.
Wir waren schon einige Male in Mailand.

**once** [wʌns] *adv*
Marc was **once** a good football player.
I go to Greece **once** a year.
(⚠ *nicht:* one time)

**einmal**
Marc war einmal ein guter Fußballspieler.
Ich fahre einmal im Jahr nach Griechenland.

**twice** [twaɪs] *adv*
Barbara meditates **twice** a day, mornings and evenings.
(⚠ *nicht:* two times)

**zweimal**
Barbara meditiert zweimal täglich, morgens und abends.

**again** [ə'gen] *adv syn:* once more
The Azores were so beautiful that we want to go **again**.

**wieder, noch einmal**
Die Azoren waren so schön, dass wir wieder hinfahren wollen.

**repeat** [rɪ'piːt] *v/t*
Can you **repeat** that? I didn't understand.

**wiederholen**
Kannst du das wiederholen? Ich habe es nicht verstanden.

**progress** ['prəʊgres] *n*
Are you making any **progress** with your experiments?

**Fortschritt(e)**
Machen Sie irgendwelche Fortschritte bei Ihren Experimenten?

**become** [bɪ'kʌm] *v/i* ⚠
**became** [bɪ'keɪm],
**become** [bɪ'kʌm]
My daughter wants to **become** an actress!

**werden**
Meine Tochter möchte Schauspielerin werden!

ⓘ ***Become*** heißt nicht bekommen, sondern werden.

**get** [get] *v/i syn:* become ⚠
**got** [gɒt], **got** [gɒt],
*Am* auch **gotten** ['gɒːtn]
Can't we finish? I'm **getting** tired.
→ *become*

**werden**
Können wir nicht Schluss machen? Ich werde müde.

**follow** ['fɒləʊ] *v/i, v/t*
The lightning was **followed** by a great clap of thunder.

**folgen (auf), nachfolgen**
Ein gewaltiger Donnerschlag folgte dem Blitz.

**change** [tʃeɪndʒ] *n, v/i, v/t*
Our life has **changed** since we adopted Li.
I was dissatisfied with my job and needed a **change**.

**(Ver)Änderung** *f,* **Wechsel** *m,* **sich (ver)ändern, (ver)ändern**
Unser Leben hat sich verändert, seit wir Li adoptierten.
Ich war unzufrieden mit meiner Arbeit und brauchte einen Wechsel.

**stop** [stɒp] *v/i opp:* start
Liz wants to **stop** smoking.

**aufhören**
Liz möchte mit dem Rauchen aufhören.

**finish** ['fɪnɪʃ] *v/i, v/t syn:* end, stop
It was a shame that they **finished** their relationship.

**aufhören, enden, beenden, (ab)schließen**
Es war schade, dass sie ihre Beziehung beendeten.

**end** [end] *n, v/i, v/t syn:* stop, *opp:* start
He **ended** his speech with an appeal.
At the **end** of the film, most of the audience had tears in their eyes.

**Ende** *n,* **enden, aufhören, beenden**
Er beendete seine Rede mit einem Appell.
Am Ende des Films hatten die meisten Zuschauer Tränen in den Augen.

**finished** ['fɪnɪʃt] *adj*
The painting is **finished** at last – now I only have to wait till the oils are dry.
(⚠ *nicht:* ready)

**fertig**
Endlich ist das Bild fertig – jetzt muss ich nur noch warten, bis die Ölfarben trocken sind.

**over** ['əʊvə] *adv syn:* finished
When the party was **over** we had to clear up for hours.

**zu Ende, vorüber, vorbei**
Als das Fest vorbei war, mussten wir stundenlang aufräumen.

# RÄUMLICHE BEGRIFFE

**place** [pleɪs] *n* — **Ort** *m*, **Stelle** *f*, **Platz** *m*

I love this **place** because I can have my peace and quiet. — Ich liebe diesen Ort, weil ich hier meine Ruhe finden kann.

→ *room*

Gina couldn't find a **place** to park nearby. — Gina konnte in der Nähe keinen Parkplatz finden.

**where** [weə] *adv* — **wo, wohin**

**Where** shall we go this evening? — Wo gehen wir heute Abend hin?

**here** [hɪə] *adv opp:* there — **hier, hierher, hierhin**

I feel at home **here**. — Ich fühle mich hier wie zu Hause.

**there** [ðeə] *adv* — **da, dort, dahin, (dort)hin**

Hello? Is anyone **there**? — Hallo? Ist da jemand?

We go **there** every year. — Wir fahren jedes Jahr dorthin.

**to** [tə, tʊ] *prp* — **nach, bis, zu**

It's a long way back **to** our hotel. — Es ist ein weiter Weg zurück bis zu unserem Hotel.

**in** [ɪn] *prp, adv* — **in, herein, hinein, ein**

Andi's got a gun **in** her handbag! — Andi hat eine Pistole in ihrer Handtasche!

**on** [ɒn] *prp* — **auf, an**

The cat was sitting **on** the roof — Die Katze saß auf dem Dach.

Those teenagers are writing something **on** the wall! — Diese Jugendlichen schreiben gerade etwas an die Mauer!

**at** [ət, betont: æt] *prp* — **an, in, auf, nach**

Shirly was already sitting **at** the table when Tom came in. — Shirley saß schon am Tisch, als Tom hereinkam.

Yesterday we were **at** the pictures. — Gestern Abend waren wir im Kino.

**out** [aʊt] *adv opp:* in — **hinaus, (he)raus, draußen**

John has just gone **out** – shall I call him? — John ist gerade hinausgegangen – soll ich ihn rufen?

**away** [ə'weɪ] *adv* — **fort, weg, entfernt**

Our hotel is a long way **away** from the beach. — Unser Hotel ist weit vom Strand entfernt.

Go **away!** I never want to see you again! — Geh weg! Ich will dich nie wieder sehen!

**somewhere** ['sʌmweə] *adv* — **irgendwo, irgendwohin**
My key must be **somewhere** – but where? — Mein Schlüssel muss irgendwo sein – aber wo?

**anywhere** ['enɪweə] *adv* — **irgendwo(hin), überall(hin)**
I'd go **anywhere** to find a job. — Ich würde überall hingehen, um eine Arbeit zu finden.

**nowhere** ['nəʊweə] *adv opp:* everywhere — **nirgends, nirgendwo**
Helen looked for her son, but he was **nowhere** to be seen. — Helen suchte ihren Sohn, aber er war nirgends zu sehen.

**everywhere** ['evrɪweə] *adv opp:* nowhere — **überall**
Where have you been? I've been looking for you **everywhere**! — Wo warst du? Ich habe dich überall gesucht!

**room** [ruːm] *n syn:* space — **Platz** *m*
Have you got enough **room**, or should I move up? — Hast du genügend Platz, oder soll ich aufrücken?
→ *place*

**distance** ['dɪstəns] *n* — **Entfernung** *f*, **Distanz** *f*, **Strecke** *f*
It's quite a long **distance** to walk from here. — Es ist eine ziemlich lange Strecke von hier zu laufen.

**far** [fɑː] *adj, adv opp:* near ⚠ **farther** ['fɑːðə], **further** ['fɜːðə], **farthest** ['fɑːðəst], **furthest** ['fɜːðəst] — **weit (weg)**
I'd like to live **far** away from the city. — Ich möchte weit weg von der Stadt wohnen.

ⓘ Die Steigerungsformen ***farther, farthest*** werden nur räumlich verwendet. Dagegen können ***further, furthest*** sowohl in räumlicher als auch übertragener Bedeutung gebraucht werden, z.B. ***two miles further*** (zwei Meilen weiter), ***further reasons*** (weitere Gründe).

**near** [nɪə] *adj, adv, prp syn:* close, *opp:* far — **nahe, in der Nähe (von), bei**
My mother lives **near** the coast. — Meine Mutter wohnt in der Nähe der Küste.
Where's the **nearest** telephone box? (⚠ *nicht:* next) — Wo ist die nächste Telefonzelle?

ⓘ ***Nearest*** bedeutet nächstgelegene, ***next*** der/die/das nächste in der Reihenfolge, z.B. ***Get off at the next stop!*** (Steigen Sie an der nächsten Haltestelle aus!)

**next to** ['neks tə] *prp syn:* beside — **neben**

I was surprised as Peter sat down **next to** me. — Ich war überrascht, als Peter sich neben mich hinsetzte.

**opposite** ['ɒpəzɪt] *adj, prp* — **entgegengesetzt, gegenüber**

The two fighters stood **opposite** each other. — Die zwei Kämpfer standen sich gegenüber.

As Sid arrived, Eva turned and went in the **opposite** direction. — Als Sid ankam, drehte Eva sich um und ging in die entgegengesetzte Richtung.

**against** [ə'genst] *prp* — **gegen, an**

The men were standing **against** the wall as I walked past. — Die Männer standen an der Mauer, als ich vorbeiging.

**front** [frʌnt] *n, adj opp:* back, rear — **Vorderteil** *n*, **Vorderseite** *f*, **vordere(r, -s), Vorder...**

Only the **front** seats in the cinema were free. — Im Kino waren nur die vorderen Sitze frei.

There was a photo of Jim on the **front** of the paper. — Ein Foto von Jim war auf der Titelseite der Zeitung.

**in front of** [ɪn 'frʌnt əv] *prp opp:* behind — **vor**

I suddenly saw a pedestrian **in front of** me. — Plötzlich sah ich einen Fußgänger vor mir.

**middle** ['mɪdl] *n* — **Mitte** *f*

There was a monument in the **middle** of the square. — In der Mitte des Platzes war ein Denkmal.

**among** [ə'mʌŋ] *prp* — **unter, zwischen, inmitten**

A lot of famous actors and actresses were **among** the guests. — Unter den Gästen waren viele bekannte Schauspieler.

(⚠ *nicht:* under)

**back** [bæk] *adv* — **zurück, wieder (da)**

When are you coming **back** from holiday? — Wann kommst du wieder aus dem Urlaub zurück?

**back** [bæk] *n, adj opp:* front — **Hinterseite** *f*, **hinterer Teil** *m*, **hintere(r, -s), Rück...**

You'll find the restaurant car at the **back** of the train. — Im hinteren Teil des Zugs finden Sie den Speisewagen.

**behind** [bɪ'haɪnd] *prp, adv* — **hinter, dahinter**

There's a wonderful garden **behind** the castle. — Hinter dem Schloss ist ein wunderschöner Garten.

**beside** [bɪ'saɪd] *prp syn:* next to — **neben**

I sat on the bench **beside** the tree and read my book. — Ich saß auf der Bank neben dem Baum und las mein Buch.

**side** [saɪd] *n* — **Seite** *f*

Fay crossed the road and waited for the bus on the other **side**. — Fay überquerte die Straße und wartete auf der anderen Seite auf den Bus.

ⓘ ***Side*** bezeichnet auch die (Vorder- oder Rück)Seite eines Blattes, doch die Seite im Buch usw. heißt stets ***page.***

**right** [raɪt] *n, adj, adv opp:* left — **rechte Seite** *f*, **Rechte** *f*, **rechte(r, -s), rechts**

You can turn **right** at the traffic lights. — An der Ampel kannst du rechts abbiegen.

Dave's house must be somewhere here on the **right**. (⚠ *nicht:* right side) — Daves Haus muss hier irgendwo auf der rechten Seite sein.

**left** [left] *n, adj, adv opp:* right — **linke Seite** *f*, **Linke** *f*, **linke(r, -s), links**

On your **left** you can see the Thames. — Zu Ihrer Linken sehen Sie die Themse.

The second street on the **left** is one-way. — Die zweite Straße links ist eine Einbahnstraße.

**up** [ʌp] *adv, prp opp:* down — **hinauf, (he)rauf, hoch, (nach) oben, auf**

Anne had to go **up** the stairs to the fifth floor. — Anne musste die Treppe bis zum fünften Stock hinaufgehen.

It was very cool **up** on the hill. — Oben auf dem Hügel war es sehr frisch.

**over** ['əʊvə] *prp, adv* — **über, (he)rüber, hinüber**

You can come **over** any time if you have a problem. — Du kannst immer vorbeikommen, wenn du Probleme hast.

Liam stood up and walked **over** to the TV. — Liam stand auf und ging zum Fernseher hinüber.

**above** [ə'bʌv] *prp, adv opp:* below — **über, oberhalb, oben, darüber**
Hundreds of crows flew **above** our heads. — Hunderte von Krähen flogen über unsere Köpfe.

**upper** ['ʌpə] *adj opp:* lower — **obere(r, -s), Ober...**
From the **upper** floors you could see the sea. — Von den oberen Stockwerken konnte man das Meer sehen.

**high** [haɪ] *adj, adv opp:* low, deep — **hoch**
You couldn't see the garden because the wall was too **high**. — Man konnte den Garten nicht sehen, weil die Mauer zu hoch war.

**under** ['ʌndə] *prp opp:* over, above — **unter**
Rosy sat **under** the tree and slept. — Rosy saß unter dem Baum und schlief.
→ *among*

**down** [daʊn] *adv, prp opp:* up — **hinunter, (he)runter, unten**
Steve walked **down** the hill and back to the campsite. — Steve ging den Hügel hinunter und zurück zum Zeltplatz.

**low** [ləʊ] *adj, adv opp:* high — **tief, niedrig**
The entrance is very **low** – watch your head! — Der Eingang ist sehr niedrig – pass auf deinen Kopf auf!

**deep** [diːp] *adj* — **tief**
The river is very **deep** at this point. — Der Fluss ist an dieser Stelle sehr tief.

**surface** ['sɜːfɪs] *n* — **Oberfläche** *f*
You could see a lot of dead fish on the **surface** of the water. — Auf der Wasseroberfläche waren viele tote Fische zu sehen.

**flat** [flæt] *adj* — **flach, eben**
I find the countryside here monotonous because it's so **flat**. — Ich finde die Landschaft hier eintönig, weil sie so flach ist.

**long** [lɒŋ] *adj opp:* short — **lang**
The path back to the village was **long** and steep. — Der Weg zurück zum Dorf war lang und steil.

**straight** [streɪt] *adj, adv* — **gerade**
A lot of cars drive fast here, because this stretch of road is so **straight**. — Viele Autos fahren hier sehr schnell, weil die Strecke so gerade ist.

**wide** [waɪd] *adj, adv* — **breit, weit**
The bed is far too **wide** for your room. — Das Bett ist viel zu breit für dein Zimmer.

**narrow** ['nærəʊ] *adj opp:* wide, broad — **schmal**
The road is too **narrow** here for a car. — An dieser Stelle ist der Weg zu schmal für ein Auto.

## BEWEGUNG UND RUHE

**move** [muːv] *v/i, v/t* — **(sich) bewegen**
You **moved** just as I was taking a photo! — Du hast dich bewegt, als ich gerade ein Foto machen wollte!

**turn** [tɜːn] *v/i, v/t* — **sich (um-, herum)drehen, sich (um)wenden**
Rod **turned** around and ran back. — Rod drehte sich um und lief zurück.
I've drunk too much wine! The whole room is **turning** round! — Ich habe zu viel Wein getrunken! Das ganze Zimmer dreht sich!

**step** [step] *n, v/i* — **Schritt** *m*, **treten**
Would you **step** aside, please? — Würden Sie bitte zur Seite treten?
I heard **steps** outside the door of the flat. — Ich hörte Schritte vor der Wohnungstür.

**jump** [dʒʌmp] *v/i* — **springen, hüpfen**
The cat **jumped** down from the wall when I got back home. — Die Katze sprang von der Mauer herunter, als ich nach Hause kam.

**rise** [raɪz] *v/i opp:* fall ⚠ **rose** [rəʊz], **risen** ['rɪzən] — **(an)steigen, auf-, hochsteigen, sich erheben**
The old man **rose** and went to the window. — Der alte Mann erhob sich und ging zum Fenster.
The temperature in the room **rose** as the people began to dance wildly. — Die Temperatur im Raum stieg an, als die Leute anfingen, wild zu tanzen.

ⓘ ***To rise*** und ***to raise*** werden oft verwechselt. ***rise*** bedeutet (selbstständig) in die Höhe steigen und steht ohne direktes Objekt, z.B. ***we rose*** (wir erhoben uns). ***to raise*** dagegen wird immer mit einem direkten Objekt gebraucht und bedeutet etwas oder jemanden in eine höhere Position bringen, z.B. ***we raised the wreck*** (wir hoben das Wrack).

| | |
|---|---|
| **sink** [sɪŋk] *v/i, v/t* ⚠ **sank** [sæŋk], **sunk** [sʌŋk] | **sinken, versinken, untergehen, versenken** |
| The little boat **sank**, and we had to swim to the shore. | Das kleine Boot ging unter, und wir mussten zum Ufer schwimmen. |
| **drop** [drɒp] *v/i syn:* fall | **(herunter)fallen, sinken** |
| The books **dropped** onto the floor. | Die Bücher fielen zu Boden. |
| The temperature has **dropped** everywhere in the last few days. | Die Temperatur ist in den letzten Tagen überall gesunken. |
| **fall** [fɔːl] *v/i syn:* drop ⚠ **fell** [fel], **fallen** ['fɔːlən] | **fallen, stürzen** |
| The coconut **fell** down right next to me. | Die Kokosnuss ist direkt neben mir heruntergefallen. |
| **fall** [fɔːl] *n* | **Sturz** *m*, **Fall** *m* |
| It was a miracle that the child survived the **fall**. | Es war ein Wunder, dass das Kind den Sturz überlebte. |
| **lie** [laɪ] *v/i* ⚠ **lay** [leɪ], **lain** [leɪn] | **liegen, sich legen** |
| I must **lie** down for a moment – I'm so tired! | Ich muss mich kurz hinlegen – ich bin so müde! |
| The cat **lay** contentedly in the sun. | Die Katze lag zufrieden in der Sonne. |

ⓘ ***To lie*** and ***to lay*** sind unregelmäßige Verben, die oft verwechselt werden, z.B. weil ***lay*** auch die Vergangenheit von ***to lie*** ist. Man muss sich die Formen gut einprägen und auch beachten, dass es mit ***to lie, lied, lied*** (= lügen) ein weiteres Verb gibt, sodass ***he was lying*** sowohl er lag als auch er log bedeuten kann.

| | |
|---|---|
| **sit** [sɪt] *v/i* ⚠ **sat** [sæt], **sat** [sæt] | **sitzen, sich setzen** |
| Do **sit** down – I'll be right back. | Setze dich hin – ich bin gleich zurück! |
| The old woman **sat** in the park and fed the birds. | Die alte Frau saß im Park und fütterte die Vögel. |

**stand** [stænd] *v/i* ⚠ **stood** [stʊd], **stood** [stʊd] — **stehen**

Paula was **standing** at the bar when Wayne came in. — Paula stand an der Theke, als Wayne hereinkam.

## SCHNELL UND LANGSAM

**speed** [spiːd] *n* — **Geschwindigkeit** *f*, **Tempo** *n*

You ought to watch your **speed** – there's a dangerous bend coming up. — Du solltest auf deine Geschwindigkeit achten – gleich kommt eine gefährliche Kurve.

**run** [rʌn] *v/i* ⚠ **ran** [ræn], **run** [rʌn] — **laufen**

When I was jogging today a dog **ran** after me. — Als ich heute gejoggt bin, lief ein Hund hinter mir her.

ⓘ Laufen (= [zu Fuß] gehen) wird durch ***to walk*** ausgedrückt.

**hurry** [ˈhʌrɪ, *Am* ˈhɜːrɪ] *n, v/i* — **Eile** *f*, **sich beeilen, eilen**

I have to **hurry**, otherwise I'll be late for work. — Ich muss mich beeilen, sonst komme ich zu spät zur Arbeit.

Give me the book back any time – there's no **hurry**. — Du kannst mir das Buch bei Gelegenheit zurückgeben – es eilt nicht.

**be in a hurry** [ˌbiː ɪn ə ˈhʌrɪ] — **es eilig haben, in Eile sein**

Can I explain it to you tomorrow? I'**m in a hurry**. — Kann ich es dir morgen erklären? Ich bin jetzt in Eile.

**quick** [kwɪk] *adj syn:* fast, *opp:* slow — **schnell**

You've grasped the problem very **quickly**. — Du hast das Problem sehr schnell begriffen.

**fast** [fɑːst] *adj, adv syn:* quick(ly), *opp:* slow(ly) — **schnell**

Brian doesn't work very **fast**, but very conscientiously. — Brian arbeitet nicht sehr schnell, aber sehr gewissenhaft.

**slow** [sləʊ] *adj opp:* quick, fast — **langsam**

It **slowly** got dark and began to rain. — Es wurde langsam dunkel, und fing an zu regnen.

# RICHTUNG

**direction** [dɪˈrekʃn] *n* — **Richtung** *f*

Can you take me with you if you're going in my **direction**? — Kannst du mich mitnehmen, wenn du in meine Richtung fährst?

**along** [əˈlɒŋ] *prp, adv* — **entlang, vorwärts, weiter**

As I was walking **along** the river I heard a scream. — Als ich am Fluss entlangging, hörte ich einen Schrei.

**on** [ɒn] *adv* — **weiter**

Although no one was listening to him, he carried **on** talking. — Obwohl niemand ihm zuhörte, redete er immer weiter.

**about** [əˈbaʊt], *adv* — **herum, umher**

Willy wandered **about** in the town where he had lived as a child. — Willy wanderte in der Stadt herum, wo er als Kind gelebt hatte.

**round** [raʊnd], **around** [əˈraʊnd] *prp, adv* — **um (herum), herum**

I travelled **around** the world when I was young. — Als ich jung war, bin ich um die ganze Welt gereist.

I understand your arguments but you keep going **round** in circles! — Ich verstehe deine Argumente schon, aber du drehst dich dauernd im Kreis herum!

**for** [fə] *prp* — **nach, in Richtung, mit dem Ziel**

My neighbour left **for** Scotland today. — Mein Nachbar ist heute nach Schottland gefahren.

**towards** [təˈwɔːdz, am tɔːdz] *prp* — **auf ... zu, ... zu, nach ... hin**

Ray got nervous as the policeman came **towards** him. — Ray wurde nervös, als der Polizist auf ihn zukam.

**into** [ˈɪntə] *prp* — **in (hinein)**

Henry stuck his hand **into** his jacket pocket and found the letter. — Henry steckte seine Hand in die Jackentasche, und fand den Brief.

**out of** [ˈaʊt əv] *prp opp:* into — **aus (heraus)**

When he got disturbed, the burglar ran **out of** the house. — Als er gestört wurde, rannte der Einbrecher aus dem Haus heraus.

**from** [frɒm] *prp*
A lot of my friends are **from** Ireland.

**von, aus**
Viele meiner Freunde sind aus Irland.

**off** [ɒf] *adv, prp*
The dog ran **off** with the meat.

We're at the central station – I have to get **off** now.

**ab, aus, davon, weg**
Der Hund lief mit dem Fleisch davon.
Wir sind schon am Hauptbahnhof – ich muss jetzt aussteigen.

**through** [θruː] *prp*
Ilsa is frightened of walking **through** the forest alone.

**durch**
Ilsa hat Angst, allein durch den Wald zu gehen.

**across** [əˈkrɒs] *prp, adv*
I had to brake as a child suddenly ran **across** the road.

**über, hinüber, darüber**
Ich musste bremsen, als ein Kind plötzlich über die Straße lief.

## KOMMEN UND GEHEN

**come** [kʌm] *v/i* ⚠ **came** [keɪm], **come** [kʌm]
Donna couldn't **come** because her daughter was ill.

**kommen**
Donna konnte nicht kommen, weil ihre Tochter krank war.

**appear** [əˈpɪə] *v/i*
After he had disappeared for two months, Tammy's husband suddenly **appeared** again.

**erscheinen, auftauchen**
Nachdem er zwei Monate verschwunden war, tauchte Tammys Mann plötzlich wieder auf.

**arrive** [əˈraɪv] *v/i opp:* depart, leave
When are your parents **arriving** tomorrow?

**ankommen, eintreffen**
Wann kommen deine Eltern morgen an?

**enter** [ˈentə] *v/i, v/t opp:* leave
It went quiet as Fiona **entered** the room.

**eintreten, betreten**
Als Fiona in das Zimmer eintrat, wurde es plötzlich still.

**go** [gəʊ] *v/i opp:* stay, come ⚠ **went** [went], **gone** [gɒn]
It was a nice evening, but I unfortunately have to **go** now.
→ *walk, drive*

**gehen**
Es war ein schöner Abend, aber ich muss jetzt leider gehen.

**leave** [liːv] *v/i* ⚠ **left** [left], **left** [left] — **fort-, weggehen, aufbrechen, losgehen**

Why did you **leave** without me? — Warum bist du ohne mich weggegangen?

**walk** [wɔːk] *v/i* — **laufen, (zu Fuß) gehen**

After his accident Larry could hardly **walk**. (⚠ *nicht:* go) — Nach seinem Unfall konnte Larry kaum gehen.

Are you driving to town, or are you **walking**? (⚠ *nicht:* go) → *go* — Fährst du in die Stadt, oder läufst du?

**get** [get] *v/i* ⚠ **got** [gɒt], **got** [gɒt], *Am auch:* **gotten** ['gɑːtn] — **(hin)kommen, ankommen**

When we **got** there, most of the guests had already left. — Als wir dort ankamen, waren die meisten Gäste schon weg.

**pass** [pɑːs] *v/i, v/t* — **vorbeigehen, -fahren, -kommen (an), überholen**

I **pass** Tina's house every day, but I never see her. — Ich gehe jeden Tag an Tinas Haus vorbei, aber ich sehe sie nie.

**stop** [stɒp] *v/i, v/t* — **(an)halten, stehen bleiben, stoppen**

Can you **stop** a moment – I've just seen Anna. — Kannst du kurz anhalten – ich habe gerade Anna gesehen.

The train doesn't **stop** till Norwich. — Der Zug hält nicht mehr vor Norwich.

Max, my dog, **stops** at every tree! — Max, mein Hund, bleibt an jedem Baum stehen!

**return** [rɪ'tɜːn] *n, v/i* — **Rückkehr** *f*, **Heimkehr** *f*, **zurückkehren, -kommen**

When Paul **returned** from his business trip, he found Naomi's letter. — Als Paul von seiner Dienstreise zurückkehrte, fand er Naomis Brief.

## MENGENBEGRIFFE

**another** [ə'nʌðə] *adj* — **noch ein(e), ein(e) weitere(r, -s)**

Shall we have **another** beer? — Wollen wir noch ein Bier trinken?

**both** [bəʊθ] *adj, pron*
**Both** my children are married.

**beide, beides**
Meine Kinder sind beide verheiratet.

**dozen** ['dʌzn] *n*
Can you bring a **dozen** eggs with you? I need a lot for my cakes.

**Dutzend** *n*
Kannst du ein Dutzend Eier mitbringen? Ich brauche eine Menge zum Kuchen backen.

**quarter** ['kwɔːtə] *n*
I spend a **quarter** of my working time in the car.

**Viertel** *n*
Ein Viertel meiner Arbeitszeit verbringe ich im Auto.

**half** [hɑːf] *n, adj, pron* ⚠
*pl* **halves** [hɑːvz]
I've filled the two **halves** of the avocados with prawns.
I've been living here in England **half** my life.

**Hälfte** *f*
Die zwei Avocadohälften habe ich mit Krabben gefüllt.
Ich wohne schon mein halbes Leben hier in England.

**enough** [ɪ'nʌf] *adj, adv, pron*
Sandra didn't have **enough** time to tidy the kitchen.

**genug, genügend**
Sandra hatte nicht genug Zeit, die Küche aufzuräumen.

**a lot of** [ə 'lɒt əv] *syn:* much, many, *opp:* little, few
There were **a lot of** people at the Sting concert.

**viel(e), eine Menge**
Viele Leute waren beim Sting-Konzert.

**much** [mʌtʃ] *adj, adv, pron syn:* a lot (of), *opp:* little
I saw the film, but I didn't like it **much**.
Jeremy never has **much** time for his family.

**viel**
Ich habe den Film gesehen, aber er hat mir nicht besonders gefallen.
Jeremy hat nie viel Zeit für seine Familie.

**many** ['menɪ] *adj, pron syn:* a lot of, *opp:* few ⚠
**more** [mɔː], **most** [məʊst]
Did you take **many** photos on holiday?

**viele**
Hast du im Urlaub viele Fotos gemacht?

**more** [mɔː] *adj, adv, pron opp:* less, fewer
Sophie has **more** success with men than she used to!

**mehr**
Sophie hat jetzt mehr Erfolg bei Männern als früher!

**over** ['əʊvə] *prp* — **über, mehr als**

Jo has **over** two thousand CDs. — Jo besitzt mehr als zwei tausend CDs.

**most** [məʊst] *adj, adv, pron opp:* least — **meiste, am meisten**

The picture I liked **most** had already been sold. — Das Bild, das mir am meisten gefallen hat, war schon verkauft.

I think that **most** children like ice cream! — Ich glaube, dass die meisten Kinder Eis mögen!

⚠ *nicht:* the most

**all** [ɔːl] *adj* — **all(e, -es), ganz(e, -es)**

My niece spends **all** her time in front of the TV. — Meine Nichte verbringt ihre ganze Zeit vor dem Fernseher.

**a few** [ə 'fjuː] *syn:* some — **ein paar, einige**

Karen gave me **a few** tips before I went to London. — Bevor ich nach London fuhr, gab mir Karen ein paar Tipps.

**a little** [ə 'lɪtl] — **etwas, ein wenig**

I can repair your car, but I need **a little** time. — Ich kann dein Auto reparieren, aber ich brauche etwas Zeit.

**little** ['lɪtl] *adj, adv, pron opp:* much, a lot (of) ⚠ **less** [les], **least** [liːst] — **wenig, gering**

Susan has **little** luck in her life. — Susan hat wenig Glück in ihrem Leben.

Walter knows **little** about Teresa, but he still wants to marry her. — Walter weiß wenig über Teresa, will sie aber trotzdem heiraten.

**few** [fjuː] *adj, pron opp:* a lot of, many — **wenig(e)**

**Few** tourists know that this beach is here. — Nur wenige Touristen wissen, dass es diesen Strand hier gibt.

**less** [les] *adj, adv, pron opp:* more — **weniger**

I find this book **less** exciting than the last one. — Ich finde dieses Buch weniger spannend als das letzte.

**least** [liːst] *adj, adv, pron opp:* most — **wenigste(r, -s), geringste(r, -s), am wenigsten/geringsten**

The **least** you can do is listen to me! — Du könntest mir wenigstens zuhören!

→ *little*

**no** [nəʊ] *adj, adv* — **kein(e)**
Sal had a nice dress but **no** shoes to match. — Sal hatte ein schönes Kleid, aber keine passenden Schuhe.

**nothing** ['nʌθɪŋ] *pron, adv* — **nichts**
*opp:* something, everything
At the moment there's **nothing** to do at the office! — Zur Zeit gibt es im Büro nichts zu tun!

## GRUNDZAHLEN

**zero** ['zɪərəʊ],
*(beim Telefonieren:)* **0** [əʊ]

1 **one** [wʌn]

2 **two** [tuː]

3 **three** [θriː]

4 **four** [fɔː]

5 **five** [faɪv]

6 **six** [sɪks]

7 **seven** ['sevn]

8 **eight** [eɪt]

9 **nine** [naɪn]

10 **ten** [ten]

11 **eleven** [ɪ'levn]

12 **twelve** [twelv]

13 **thirteen** [ˌθɜː'tiːn]

14 **fourteen** [ˌfɔː'tiːn]

15 **fifteen** [ˌfɪf'tiːn]

16 **sixteen** [ˌsɪks'tiːn]

17 **seventeen** [ˌsevnˈtiːn]

18 **eighteen** [ˌeɪˈtiːn]

19 **nineteen** [ˌnaɪnˈtiːn]

20 **twenty** [ˈtwentɪ]

21 **twenty-one**
[ˌtwentɪˈwʌn]

22 **twenty-two**
[ˌtwentɪˈtuː]

30 **thirty** [ˈθɜːtɪ]

40 **forty** [ˈfɔːtɪ] (⚠ *ohne* ***u***)

50 **fifty** [ˈfɪftɪ]

60 **sixty** [ˈsɪkstɪ]

70 **seventy** [ˈsevntɪ]

80 **eighty** [ˈeɪtɪ]

90 **ninety** [ˈnaɪntɪ]

100 **a (*oder* one) hundred**
[ə (oder wʌn) ˈhʌndrəd]

1,000 **a (*oder* one) thousand**
[ə (oder ˌwʌn) ˈθaʊznd]

1,000,000 **a (*oder* one) million**
[ə (oder ˌwʌn) ˈmɪljən]

**number** [ˈnʌmbə] *n*
I find it odd how often the **number** 37 turns up in my life!

**Zahl** *f*, **Nummer** *f*
Ich finde es seltsam, wie oft die Zahl 37 in meinem Leben vorkommt!

**sum** [sʌm] *n*
That's a ridiculous **sum** for a car like that!
No, darling – the **sum** of 142 and 119 is 261!

**Summe** *f*, **Betrag** *m*
Das ist ein lächerlicher Betrag für ein solches Auto!
Nein, Liebling – die Summe aus 142 und 119 ist 261!

## MASSE UND GEWICHTE

| | |
|---|---|
| **foot** [fʊt] *n* **(ft)** *pl* **feet** [fiːt]<br>**1 foot = 12 inches**<br>**= 30.48cm** | **Fuß** *m* |
| **inch** [ɪntʃ] *n* **(in) 1 inch**<br>**= 2.54cm** | **Zoll** *m* |
| **met\|re,** *Am* **-er** ['miːtə] *n* **(m)**<br>**1 meter = 39.37 inches** | **Meter** *m, auch n* |
| **mile** [maɪl] *n* **(m,** *Am* **mi)**<br>**1 mile = 1.609km**<br>**1 nautical mile = 1.852km** | **Meile** *f* |
| **yard** [jɑːd] *n* **(yd) 1 yard =**<br>**3 feet = 91.44cm** | **Yard** *n* |
| **pound** [paʊnd] *n* **(lb)**<br>**1 pound = 453.59g** | **Pfund** *n* |

## ORDNUNGSBEGRIFFE

| | |
|---|---|
| **kind** [kaɪnd] *n syn:* sort, type<br>This **kind** of bird is very rare. | **Art** *f,* **Sorte** *f*<br>Diese Art Vogel ist sehr selten. |
| **sort** [sɔːt] *n syn:* kind, type<br>I love the different **sorts** of pasta in Italy. | **Sorte** *f,* **Art** *f*<br>Ich liebe die verschiedenen Nudelsorten in Italien. |
| **type** [taɪp] *n syn:* kind, sort<br>You could see a lot of new **types** of cars at the exhibition. | **Typ** *m,* **Art** *f,* **Sorte** *f*<br>Bei der Ausstellung konnte man viele neue Autotypen sehen. |
| **size** [saɪz] *n*<br>These trousers are very nice, but they don't have them in my **size**. | **Größe** *f*<br>Die Hose ist sehr schön, aber sie gibt es nicht in meiner Größe. |
| **quality** ['kwɒlətɪ] *n opp:* quantity<br>The materials in this shop are of the best **quality**. | **Qualität** *f*<br>Die Stoffe in diesem Laden sind von bester Qualität. |

**class** [klɑːs] *n*
In my opinion, a Rover is in a **class** of its own.

**Klasse** *f*
Rover ist eine Klasse für sich, meiner Meinung nach.

**order** ['ɔːdə] *n*
In this task the words have to be put in the right **order**.

**Reihenfolge** *f*, **Folge** *f*, **Ordnung** *f*
Bei dieser Aufgabe müssen die Wörter richtig angeordnet werden.

**pair** [peə] *n*
Frank always wears the same **pair** of trousers.
I need a new **pair** of boots.

**Paar** *n*
Frank trägt immer die gleiche Hose.
Ich brauche ein neues Paar Stiefel.

ⓘ Für zweiteilige Gegenstände usw. wird sehr oft ***pair of*** verwendet, z.B. ***a pair of scissors*** (eine Schere).

**group** [gruːp] *n*
A **group** of youths came towards us.

**Gruppe** *f*
Eine Gruppe Jugendlicher kam auf uns zu.

## UNTERSCHIED UND EINTEILUNG

**not a(n)** ['nɒt ə(n)] *syn:* no
That's **not an** answer to my question!

**kein(e)**
Das ist keine Antwort auf meine Frage!

**only** ['əʊnlɪ] *adv*
I've **only** got $10 with me!

**nur**
Ich habe nur 10 Dollar dabei!

**alone** [ə'ləʊn] *adj, adv*
I never leave my daughter **alone** in the house.

**allein**
Ich lasse meine Tochter nie allein zu Hause.

**single** ['sɪŋgl] *adj*
Ron sat there and didn't say a **single** word.

**einzeln, Einzel..., einzig**
Ron saß da und sagte kein einziges Wort.

**piece** [piːs] *n*
Can I have another **piece** of cake?

**Stück** *n*, **Stückchen** *n*
Darf ich noch ein Stück Kuchen haben?

**part** [pɑːt] *n*
I've only read a **part** of the book.

**Teil** *m, n*
Ich habe nur einen Teil des Buches gelesen.

**besides** [bɪ'saɪdz] *prp* — **neben, außer**
**Besides** the good pay I also have a lot of free time. — Neben der guten Bezahlung habe ich auch viel Freizeit.

**next** [nekst] *adj* — **nächste(r, -s)**
You have to turn left at the **next** traffic lights. — Du musst an der nächsten Ampel links abbiegen.
→ *near*

**together** [tə'geðə] *adv* — **zusammen, miteinander, gemeinsam**
We could go to the theatre **together**. — Wir könnten gemeinsam ins Theater gehen.

**like** [laɪk] *prp* — **wie**
This soup tastes **like** washing up liquid! — Die Suppe schmeckt wie Spülmittel!

**as ... as** [əz ... əz] — **so ... wie**
My son is **as** big **as** me! — Mein Sohn ist so groß wie ich!

**the same** [ðə 'seɪm] *adj, pron* — **der/die/das gleiche, der-, die-, dasselbe**
John's twins always wear **the same** clothes. — Johns Zwillinge tragen immer die gleichen Kleider.
Tom always has **the same** excuse. — Tom hat immer dieselbe Ausrede!

**another** [ə'nʌðə] *adj, pron* — **ein(e) andere(r, -s)**
I'd like to try **another** wine now. — Ich möchte jetzt einen anderen Wein probieren.

**other** ['ʌðə] *adj, pron* — **andere(r, -s), weitere(r, -s)**
Doris doesn't care what **other** people think of her. — Doris ist es egal, was die anderen Leute von ihr halten.
→ *different*

**else** [els] *adv* — **noch, sonst (noch), andere(r, -s)**
Is there anything **else** that doesn't suit you? — Gibt es sonst noch etwas, das dir nicht passt?
I don't like wine. I'd like to drink something **else**. — Wein schmeckt mir nicht. Ich möchte etwas anderes trinken.

**rest** [rest] *n* — **Rest** *m*
If you don't eat any more, I'll freeze the **rest**. — Wenn du nichts mehr isst, werde ich den Rest einfrieren.

**different** ['dɪfrənt] *adj opp:* the same
Although they're twins they look completely **different**.
⚠ *nicht:* other

**anders, verschieden, unterschiedlich**
Obwohl sie Zwillinge sind, sehen sie ganz unterschiedlich aus.

**than** [ðæn, unbetont: ðən] *cj*
You're much more beautiful **than** all the other women!

**als**
Du bist viel schöner als alle anderen Frauen!

**regular** ['regjələ] *adj*
It's important to have **regular** meals.

**regelmäßig**
Es ist wichtig, regelmäßige Mahlzeiten zu haben.

**common** ['kɒmən] *adj opp:* uncommon
Arguing is **common** between brothers and sisters.

**gewöhnlich, normal, üblich**
Es ist normal, dass Geschwister sich streiten.

**very** ['verɪ] *adv*
It was **very** hot in spring.

**sehr**
Im Frühling war es sehr heiß.

**very much** [ˌverɪ 'mʌtʃ] *adv*
Martina likes tomatoes **very much**, but only when they're cooked.

**sehr**
Martina mag Tomaten sehr, aber nur, wenn sie gekocht sind.

**special** ['speʃl] *adj*
Let's go out for a meal. It's a **special** day today!
At the end of the year there'll be a **special** edition of this magazine.

**besondere(r, -s), Sonder...**
Lass uns essen gehen. Heute ist ein besonderer Tag!
Zum Jahresende gibt es eine Sonderausgabe dieser Zeitschrift.

**especially** [ɪ'speʃlɪ] *adv*
Stan can't see well, **especially** when it's dark.

**besonders, vor allem**
Stan kann nicht gut sehen, besonders wenn es dunkel ist.

## Ordnungszahlen

| | | |
|---|---|---|
| 1st | **first** [fɜːst] | **erste** |
| 2nd | **second** ['sekənd] | **zweite** |
| 3rd | **third** [θɜːd] | **dritte** |

| | | |
|---|---|---|
| 4th | **fourth** [fɔːθ] | **vierte** |
| 5th | **fifth** [fɪfθ] | **fünfte** (⚠ *geschrieben mit* ***f***) |
| 6th | **sixth** [sɪksθ] | **sechste** |
| 7th | **seventh** ['sevnθ] | **sieb(en)te** |
| 8th | **eighth** [eɪtθ] | **achte** |
| 9th | **ninth** [naɪnθ] | **neunte**<br>(⚠ *ohne* ***e*** *geschrieben*) |
| 10th | **tenth** [tenθ] | **zehnte** |
| 11th | **eleventh** [ɪ'levənθ] | **elfte** |
| 12th | **twelfth** [twelfθ] | **zwölfte** (⚠ *mit* ***f***) |
| 13th | **thirteenth** [ˌθɜː'tiːnθ] | **dreizehnte** |
| 14th | **fourteenth** [ˌfɔː'tiːnθ] | **vierzehnte** |
| 15th | **fifteenth** [ˌfɪf'tiːnθ] | **fünfzehnte** |
| 16th | **sixteenth** [ˌsɪks'tiːnθ] | **sechzehnte** |
| 17th | **seventeenth**<br>[ˌsevn'tiːnθ] | **siebzehnte** |
| 18th | **eighteenth** [ˌeɪ'tiːnθ] | **achtzehnte** |
| 19th | **nineteenth** [ˌnaɪn'tiːnθ] | **neunzehnte** |
| 20th | **twentieth** ['twentɪəθ] | **zwanzigste** (⚠ ***drei*** *Silben*) |
| 21st | **twenty-first**<br>[ˌtwentɪ'fɜːst] | **einundzwanzigste** |
| 22nd | **twenty-second**<br>[ˌtwentɪ'sekənd] | **zweiundzwanzigste** |
| 23rd | **twenty-third**<br>[ˌtwentɪ'θɜːd] | **dreiundzwanzigste** |
| 24th | **twenty-fourth**<br>[ˌtwentɪ'fɔːθ] | **vierundzwanzigste** |

| | | |
|---|---|---|
| 30th | **thirtieth** ['θɜːtɪəθ] | **dreißigste** |
| 40th | **fortieth** ['fɔːtɪəθ] | **vierzigste** |
| 50th | **fiftieth** ['fɪftɪəθ] | **fünfzigste** |
| 60th | **sixtieth** ['sɪkstɪəθ] | **sechzigste** |
| 70th | **seventieth** ['sevntɪəθ] | **siebzigste** |
| 80th | **eightieth** ['eɪtɪəθ] | **achtzigste** |
| 90th | **ninetieth** ['naɪntɪəθ] | **neunzigste** |
| 100th | **hundredth** ['hʌndrədθ] | **hundertste** |

## Ursache und Wirkung

**why** [waɪ] *adj, cj* — **warum, weshalb**

Do you know **why** Kate doesn't phone any more? — Weißt du, warum Kate nicht mehr anruft?

**reason** ['riːzn] *n syn:* cause — **Grund** *m*

There are good **reasons** for Sam and Gina not going out with each other any more. — Es gibt gute Gründe dafür, dass Sam und Gina nicht länger zusammen sind.

**because** [bɪ'kɒz] *cj syn:* since, as — **weil, da**

I'm lying in bed **because** I'm ill. — Ich liege im Bett, weil ich krank bin.

**in order to** [ɪn 'ɔːdə tə] *syn:* to — **um zu**

Joseph took the day off **in order to** help me. — Joseph hat den Tag frei genommen, um mir zu helfen.

## Art und Weise

**way** [weɪ] *n* — **Art** *f* **(und Weise** *f***), Weise** *f***, Methode** *f*

The best **way** to learn a foreign language is to live in the country. — Die beste Methode, eine Fremdsprache zu lernen ist, in dem Land zu leben.

**how** [haʊ] *adv* — **wie**

The astonishing thing is **how** Julie solved the problem. — Das Verblüffende ist, wie Julie das Problem gelöst hat.

**like this/that** [laɪk 'ðɪs/'ðæt] — **so**
Don't worry about it – Jerry always talks **likes that**. — Mach dir nichts daraus – Jerry redet immer so.
If you draw the face **like this**, it looks more realistic. — Wenn du das Gesicht so zeichnest, sieht es realistischer aus.

**so** [səʊ] *adv* — **so**
You shouldn't smoke **so** much! — Du solltest nicht so viel rauchen!
Is Sean coming this evening? – I hope **so**, but I don't think **so**. — Kommt Sean heute Abend? – Ich hoffe schon, aber ich glaube nicht.

**at all** [ə'tɔːl] — **überhaupt**
I don't eat any meat **at all**. — Ich esse überhaupt kein Fleisch.

**not at all** [ˌnɒt ət'ɔːl] — **überhaupt nicht**
Dennis did**n't** like the book **at all**. — Dennis gefiel das Buch überhaupt nicht.

**in vain** [ɪn 'veɪn] — **umsonst, vergeblich**
I tried several times **in vain** to reach you. Where were you? — Ich habe mehrmals vergeblich versucht, dich zu erreichen. Wo warst du?

**hardly** ['hɑːdlɪ] *adv syn:* scarcely — **kaum**
I could **hardly** hear Harry because the music was so loud. — Ich konnte Harry kaum verstehen, weil die Musik so laut war.

ⓘ Das Adverb zu ***hard*** (hart, schwer, fleißig usw.) heißt ***hard*** und nicht ***hardly,*** welches nur die Bedeutung kaum hat, also ***I studied hard for the test*** (Ich habe viel für die Arbeit gelernt), aber ***I hardly studied for the test*** (Ich habe kaum für die Arbeit gelernt).

**a bit** [ə 'bɪt] *syn:* a little — **etwas, ein bisschen**
I was **a bit** annoyed that you didn't help me. — Ich war ein bisschen verärgert, dass du mir nicht geholfen hast.

**at least** [ət 'liːst] — **wenigstens, mindestens, zumindest**
You've smoked **at least** five cigarettes already this evening! — Du hast heute Abend schon mindestens fünf Zigaretten geraucht!
The flat is not particularly nice, but **at least** it's close to the shops. — Die Wohnung ist nicht besonders schön, aber es sind wenigstens Geschäfte in der Nähe.

**almost** ['ɔːlməʊst] *adv syn:* nearly — **fast, beinahe**

You were lucky! The cyclist **almost** hit you! — Du hattest Glück! Der Radfahrer hat dich beinahe erwischt!

**quite** [kwaɪt] *adv syn:* rather — **ganz, ziemlich, recht**

Linda wasn't **quite** sure whether Tony was being serious or not. — Linda war nicht ganz sicher, ob Tony es ernst meinte.

Georgina was **quite** shocked when Martin told her everything. — Georgina war ziemlich schockiert, als Martin ihr alles erzählte.

**rather** ['rɑːðə] *adv syn:* quite — **ziemlich, lieber**

The weather was **rather** cold this morning. — Das Wetter war ziemlich kalt heute früh.

I'd **rather** stay at home this evening because there's a good film on TV. — Ich würde heute lieber zu Hause bleiben, weil ein guter Film im Fernsehen kommt.

**usually** ['juːʒəlɪ] *adv* — **meistens, normalerweise, gewöhnlich**

Sharon is **usually** very nice, but she was aggressive today. — Normalerweise ist Sharon sehr nett, aber heute war sie aggressiv.

**mostly** ['məʊstlɪ] *adv* — **hauptsächlich, meistens**

This pub was **mostly** full of Irish people. — Es waren hauptsächlich Iren in der Kneipe.

**all** [ɔːl] *adv syn:* completely — **ganz, völlig**

We thought the match was **all** over, but it went into extra time. — Wir dachten, dass das Spiel ganz aus war, aber es gab eine Verlängerung.

**just** [dʒʌst] *adv* — **genau, gerade**

The tea is **just** how I like it – strong and sweet! — Das ist genau der Tee, wie ich ihn mag – stark und süß!

**really** ['rɪəlɪ] *adv* — **wirklich**

Do you **really** want to leave Cindy? — Willst du Cindy wirklich verlassen?

**hard** [hɑːd] *adv* — **schwer, hart, fleißig, fest**

After we had been working **hard** all day we were exhausted. — Nachdem wir den ganzen Tag hart gearbeitet hatten, waren wir völlig erschöpft.

**by the way** [ˌbaɪ ðə 'weɪ] — **übrigens**
**By the way**, have you heard anything from Paul at all? — Übrigens, hast du schon irgendetwas von Paul gehört?

**also** ['ɔːlsəʊ] *adv syn:* too, as well — **auch, ebenfalls**
Pia **also** went to this school, like Dora and me. — Pia war auch an dieser Schule, wie Dora und ich.

**too** [tuː] *adv syn:* also — **auch, ebenfalls**
I'm fed up with his excuses! – Me, **too**! — Ich habe die Nase voll von seinen Ausreden! – Ich auch!
We liked Thailand, and Indonesia, **too**. — Thailand hat uns sehr gut gefallen, und Indonesien ebenfalls.

**besides** [bɪ'saɪdz] *adv* — **außerdem**
I haven't got any time, and **besides**, I don't like going to pubs. — Ich habe keine Zeit, und außerdem gehe ich ungern in Kneipen.

**even** ['iːvn] *adv* — **sogar, selbst**
My father goes for a walk every day, **even** if the weather's bad. — Mein Vater geht jeden Tag spazieren, sogar wenn das Wetter schlecht ist.

**suddenly** ['sʌdnlɪ] *adv* — **plötzlich, auf einmal**
I'd almost fallen asleep when the telephone **suddenly** rang. — Ich war fast eingeschlafen, als das Telefon plötzlich klingelte.

## Farben

**colour**, *Am* **color** ['kʌlə] *n* — **Farbe** *f*
I don't even know what **colour** his eyes are! — Ich weiß nicht einmal, welche Farbe seine Augen haben!
⚠ *nicht:* have

**dark** [dɑːk] *n, adj opp:* light — **Dunkelheit** *f*, **dunkel, dunkel...**
My son Ian is afraid of the **dark**. — Mein Sohn Ian hat Angst in der Dunkelheit.
Fran wore a **dark** red dress at the birthday party. — Fran trug bei der Geburtstagsfeier ein dunkelrotes Kleid.

**white** [waɪt] *adj opp:* black — **weiß**
Vic's hair went **white** after his accident. — Vics Haare sind nach seinem Unfall weiß geworden.

**black** [blæk] *adj opp:* white
**Black** cats are supposed to be lucky, aren't they?

**schwarz**
Schwarze Katzen sollen doch Glück bringen, oder?

**red** [red] *adj*
Tina's eyes were **red** because she had been crying.

**rot**
Tinas Augen waren rot, weil sie geweint hatte.

**blue** [bluː] *adj*
The sky didn't look quite as **blue** in the photo.

**blau**
Auf dem Foto sah der Himmel nicht so blau aus.

**green** [griːn] *adj*
Ireland is so **green** because it rains a lot.

**grün**
Irland ist so grün, weil es dort so viel regnet.

**yellow** ['jeləʊ] *adj*
That bird over there has got a bright **yellow** beak.

**gelb**
Der Vogel dort drüben hat einen hellgelben Schnabel.

**brown** [braʊn] *adj*
After his holiday Louis' face was really **brown**.

**braun**
Nach seinem Urlaub hatte Louis ein ganz braunes Gesicht.

## Formen

**form** [fɔːm] *n syn:* shape
The man had a scar in the **form** of a V.

**Form** *f*
Der Mann hatte eine Narbe in Form eines V.

**shape** [ʃeɪp] *n syn:* form
Your cake may be a funny **shape**, but it tastes good!

**Form** *f*, **Gestalt** *f*
Dein Kuchen hat zwar eine komische Form, er schmeckt aber lecker!

**line** [laɪn] *n*
The **line** you drew isn't at all straight!

**Linie** *f*
Die Linie, die du gezeichnet hast, ist überhaupt nicht gerade!

**round** [raʊnd] *adj*
Lisa drew a monster with a **round** face and four eyes.

**rund**
Lisa zeichnete ein Monster mit einem runden Gesicht und vier Augen.

**circle** ['sɜːkl] *n*
The course participants sat in a **circle** with their eyes closed.

**Kreis** *m*
Die Kursteilnehmer saßen mit geschlossenen Augen im Kreis.

**corner** ['kɔːnə] *n*
The child hit its head on the **corner** of the table.

**Ecke** *f*
Das Kind stieß sich den Kopf an der Ecke des Tisches.

**cross** [krɒs] *n*
Because he couldn't write, the man signed the form with a **cross**.

**Kreuz** *n*
Da der Mann nicht schreiben konnte, unterzeichnete er das Formular mit einem Kreuz.

**tip** [tɪp] *n*
The **tip** of my nose was red from the sun.

**Spitze** *f*
Meine Nasenspitze war rot von der Sonne.

## Weitere Verben

**belong to** [bɪ'lɒŋ tə]
Does the red car **belong to** you?

**gehören**
Gehört Ihnen das rote Auto?

**grow** [grəʊ] *v/i* ⚠ **grew** [gruː], **grown** [grəʊn]
In this nice weather the plants **grow** particularly fast.

**wachsen**
Bei dem schönen Wetter wachsen die Pflanzen besonders schnell.

**shine** [ʃaɪn] *v/i* ⚠ **shone** [ʃɒn, am ʃoʊn], **shone** [ʃɒn, am ʃoʊn]
After Barry had washed his car it **shone** like new.

**glänzen, scheinen**
Nachdem Barry sein Auto gewaschen hatte, glänzte es wie neu.

**ring** [rɪŋ] *v/i, v/t* ⚠ **rang** [ræŋ], **rung** [rʌŋ]
Susan was embarrassed when her mobile phone **rang** in the theatre.

**klingeln, läuten**
Es war Susan peinlich, als ihr Handy im Theater klingelte.

**treat** [triːt] *v/t*
You ought to **treat** your mother with a bit more respect!

**behandeln, umgehen mit**
Du solltest deine Mutter mit ein bisschen mehr Respekt behandeln!

Jenny **treats** her children very badly.

Jenny geht sehr schlecht mit ihren Kindern um.

**open** ['əʊpən] *v/i* — **öffnen, sich öffnen, aufgehen**

The shop **opens** at 8 o'clock on Sunday. — Am Sonntag öffnet der Laden um 8.00 Uhr.

**strike** [straɪk] *v/i, v/t* ⚠ **struck** [strʌk], **struck** [strʌk] — **schlagen, treffen**

Chris **struck** the tennis ball with all his might. — Chris schlug mit ganzer Kraft den Tennisball.

My car was **struck** by a small stone on the motorway, which shattered the windscreen. — Mein Auto wurde auf der Autobahn von einem kleinen Stein getroffen, der die Windschutzscheibe zerschmetterte.

**break** [breɪk] *v/i, v/t* ⚠ **broke** [brəʊk], **broken** ['brəʊkən] — **(sich) brechen, zerbrechen**

I've **broken** my favourite vase! — Ich habe meine Lieblingsvase zerbrochen!

The cup fell to the floor and **broke**. — Die Tasse fiel zu Boden und zerbrach.

**burn** [bɜːn] *v/i* ⚠ **burnt*** [bɜːnt], **burnt*** [bɜːnt] — **brennen**

This candle is supposed to **burn** for twenty hours. — Diese Kerze soll angeblich zwanzig Stunden brennen.

## Weitere Adjektive

**big** [bɪg] *adj syn:* large, *opp:* small, little — **groß**

Terri always argues with her **big** sister. — Terri streitet sich immer mit ihrer großen Schwester.

That hat is much too **big** for you! — Der Hut ist dir doch viel zu groß!

⚠ *nicht:* great

**large** [lɑːdʒ] *adj syn:* big, *opp:* small — **groß**

The Smiths live in a **large** house in the country. — Die Familie Smith wohnt in einem großen Haus auf dem Land.

**small** [smɔːl] *adj opp:* big, large — **klein, klein (und leicht), zierlich, schmächtig**

Eve is so **small**, she looks like a young girl. — Eve ist so zierlich, dass sie wie ein junges Mädchen aussieht.

My car is far too **small** for five people. — Mein Auto ist für fünf Personen viel zu klein.

**little** [lɪtl] *adj syn:* small, *opp:* big — **klein**

We rowed to the island in a **little** boat. — Wir ruderten in einem kleinen Boot zur Insel.

**short** [ʃɔːt] *adj opp:* tall, long — **kurz, klein**

You've grown! These trousers are too **short** for you now. — Du bist gewachsen! Die Hose ist dir jetzt zu kurz.

I'm a bit shorter than my daughter. — Ich bin ein bisschen kleiner als meine Tochter.

**thick** [θɪk] *adj opp:* thin — **dick**

Dave cut himself two **thick** slices of bread. — Dave schnitt sich zwei dicke Scheiben Brot ab.

ⓘ Bei Personen verwendet man nicht ***thick,*** sondern ***fat,*** z.B. ***he's getting too fat*** (er wird zu dick).

**thin** [θɪn] *adj opp:* thick, fat — **dünn**

The walls are so **thin** you can hear every word the neighbours say. — Die Wände sind so dünn, dass man jedes Wort verstehen kann, das die Nachbarn sprechen.

**heavy** ['hevɪ] *adj opp:* light — **schwer**

We had to carry the **heavy** cupboard up three storeys. — Wir mussten den schweren Schrank drei Stockwerke hochtragen.

**light** [laɪt] *adj opp:* heavy — **leicht**

Can you carry the shopping bag? It's pretty **light**. — Kannst du die Einkaufstasche tragen? Sie ist ganz leicht.

**hard** [hɑːd] *adj syn:* difficult, *opp:* easy — **schwer, schwierig**

Life is **hard** for Ingrid now she's living alone with her child. — Das Leben ist für Ingrid schwer, seitdem sie alleine mit ihrem Kind wohnt.

**strong** [strɒŋ] *adj opp:* weak — **stark**

The coffee tastes good but it's a bit **strong** for me. — Der Kaffee schmeckt mir schon, aber er ist mir etwas zu stark.

**weak** [wiːk] *adj opp:* strong — **schwach, weich**

This tea is far too **weak** – it doesn't taste of anything! — Der Tee ist viel zu schwach – er schmeckt nach nichts!

**sharp** [ʃɑːp] *adj opp:* blunt — **scharf**

Careful with that **sharp** bread-knife! — Sei vorsichtig mit dem scharfen Brotmesser!

**mild** [maɪld] *adj*
It's too **mild** for this time of year.

**mild**
Für diese Jahreszeit ist es zu mild.

**hot** [hɒt] *adj opp:* cold
Last year it was **hotter** in spring than in summer.
I haven't had a **hot** meal for a long time.
→ *warm*

**heiß, warm**
Letztes Jahr war es im Frühling heißer als im Sommer.
Ich habe schon lange keine warme Mahlzeit mehr gegessen.

**warm** [wɔːm] *adj opp:* cold
In the evenings it is still nice and **warm**.

**warm**
Am Abend ist es immer noch angenehm warm.

ℹ ***Warm*** entspricht durchaus nicht immer dem deutschen warm; sehr oft muss man stattdessen ***hot*** verwenden, z.B. ***a hot meal*** (eine warme Mahlzeit).

**clear** [klɪə] *adj*
I'll never forget this **clear**, blue sky!
You can see the stars more **clearly** through this telescope.

**klar, deutlich**
Diesen klaren blauen Himmel werde ich nie vergessen!
Du kannst die Sterne mit diesem Fernrohr viel deutlicher sehen.

**quiet** ['kwaɪət] *adj syn:* calm, *opp:* noisy, loud
We live in a very **quiet** area.

**ruhig**
Wir wohnen in einer sehr ruhigen Gegend.

**full** [fʊl] *adj opp:* empty
The town centre is **full** of tourists in summer.
The train was quite **full** this morning.

**voll**
Die Innenstadt ist im Sommer voller Touristen.
Heute früh war der Zug ziemlich voll.

**empty** ['emptɪ] *adj opp:* full
The house next door has been **empty** for weeks.

**leer**
Das Haus nebenan steht schon seit Wochen leer.

**open** ['əʊpən] *adj opp:* closed, shut
I'm cold. Is the window **open**?

**offen, auf**
Mir ist kalt. Ist das Fenster offen?

**on** [ɒn] *adj opp:* off
Can you turn the radio **on**? The news is coming on in a minute.

**ein(geschaltet)**
Kannst du das Radio einschalten? Gleich kommen die Nachrichten.

**off** [ɒf] *adj opp:* on — **aus(geschaltet), ab(geschaltet)**

I forgot to turn the oven **off** before I left for work.

Ich vergaß, den Herd auszuschalten, bevor ich zur Arbeit ging.

**out** [aʊt] *adj opp:* on — **aus(geschaltet), ab(geschaltet)**

Sara thought that she had switched **out** the lights, but they were still on.

Sara dachte, dass sie die Lampen ausgeschaltet hätte, aber sie brannten immer noch.

**new** [njuː] *adj opp:* old — **neu**

I need some **new** glasses, because I can't read any more with my old ones.

Ich brauche eine neue Brille, weil ich mit meiner alten nicht mehr lesen kann.

**modern** ['mɒdən] *adj opp:* old-fashioned — **modern**

Deirdre lives in a **modern** flat.

Deirdre wohnt in einer modernen Wohnung.

**latest** ['leɪtɪst] — **neueste(r, -s)**

I bought the **latest** Madonna CD yesterday.

⚠ *nicht:* last

Gestern kaufte ich mir die neueste CD von Madonna.

**old** [əʊld] *adj opp:* new — **alt**

My computer is **old** and slow, but it still works okay.

Mein Computer ist alt und langsam, aber er funktioniert noch gut.

**old-fashioned** [ˌəʊld 'fæʃnd] *adj opp:* modern — **altmodisch**

Lynne always wears very **old-fashioned** clothes.

Lynne trägt immer sehr altmodische Kleider.

**broken** ['brəʊkən] *adj* — **kaputt, zerbrochen**

I can't record the film because my video recorder is **broken**.

Ich kann den Film nicht aufnehmen, weil mein Videorecorder kaputt ist.

**free** [friː] *adj* — **frei, kostenlos, gratis, Frei...**

Daniel felt **free** when he was divorced at long last.

Als Daniel geschieden war, fühlte er sich endlich frei.

**necessary** ['nesəsərɪ] *adj* — **nötig, notwendig**

It wasn't **necessary** to call the electrician. I could have repaired it.

Es war doch nicht notwendig, den Elektriker anzurufen. Ich hätte es reparieren können.

# PRONOMEN UND ARTIKEL

**a** [ə], **an** [ən] *indefinite article* — **ein(e), pro, je**
Would you like **an** apple or **a** pear? — Möchtest du einen Apfel oder lieber eine Birne?
I do my exercises once **a** day. — Ich mache meine Übungen einmal am Tag.
My daughter wants to become **a** teacher. — Meine Tochter will Lehrerin werden.

**the** [ðə˙ ðiː] definite article — **der, die, das, die** *pl*
**The** children are very quiet – what are they doing? — Die Kinder sind sehr ruhig – was machen sie nur?
**The** telephone suddenly rang. — Plötzlich klingelte das Telefon.

**this** [ðɪs] *adj, pron* ⚠ *pl* **these** [ðiːz] — **dies, diese(r, -s), das**
**This** is Jenny, my wife. — Dies ist meine Frau Jenny.
I love **this** hot weather! — Ich liebe dieses heiße Wetter!

**these** [ðiːz] *pl adj, pron* — **dies(e) (hier)**
**These** are my friends. — Dies sind meine Freunde.
**These** plums are a bit sour. — Diese Pflaumen sind ein bisschen sauer.

**that** [ðæt] *pron, adj* ⚠ *pl* **those** [ðəʊz] — **der/die/das (dort), diese(r, -s), der-, die-, dasjenige, welche(r, -s)**
Here are the books **that** you lent me. — Hier sind die Bücher, die du mir geliehen hast.
**That** ring looks very expensive. — Dieser Ring sieht sehr teuer aus.
This table is longer than **that** one. — Dieser Tisch ist länger als der dort.

**those** [ðəʊz] *pl adj, pron* — **die (da/dort), diese, diejenigen**
For **those** who don't know me yet – I am your new English teacher. — Für diejenigen, die mich noch nicht kennen: Ich bin der neue Englischlehrer.
**Those** shoes over there are cheaper than these. — Die Schuhe dort sind billiger als diese.

**what** [wɒt] *adj, pron* — **was, was für (ein[e]), welche(r, -s)**
**What** did he say? — Was hat er gesagt?
**What** an awful day! — Was für ein fürchterlicher Tag!

| | |
|---|---|
| **which** [wɪtʃ] *adj, pron* | **welche(r, -s), der, die, das** |
| **Which** of these hats do you like? | Welcher dieser Hüte gefällt dir? |
| **Which** picture did you buy? | Welches Bild hast du gekauft? |
| The jacket **which** I liked was far too big for me. | Die Jacke, die mir gefallen hat, war mir viel zu groß. |
| **who** [huː] *pron* | **wer, wen, wem, der, die, das, welche(r, -s)** |
| **Who** phoned you just now? | Wer hat dich gerade angerufen? |
| **Who** are you going to meet this evening? | Wen triffst du heute Abend? |
| **Who** did you play tennis with yesterday? | Mit wem hast du gestern Tennis gespielt? |
| That's the man **who** bought my car. | Das ist der Mann, der mein Auto gekauft hat. |

Für ***who*** in der Bedeutung wen, wem, welchen, welchem kann auch ***whom*** stehen, z.B. ***Whom did you see?, With whom are you staying?*** Dies wäre aber ein sehr förmlicher Stil.

| | |
|---|---|
| **whose** [huːz] *adj, pron* | **wessen, dessen, deren** |
| That's the woman **whose** son was injured. | Das ist die Frau, deren Sohn verletzt wurde. |
| **Whose** bike is that over there? | Wessen Fahrrad ist das dort? |
| **whom** [huːm] *pron* | **wen, wem, den, die, dem, der, welche(n, -m)** |
| To **whom** did you give the stolen watches? | Wem haben Sie die gestohlenen Uhren gegeben? |
| **I** [aɪ] *pers pron* | **ich** |
| Hi, **I**'m Terry. | Hi! Ich heiße Terry. |
| **I** feel sick! | Mir ist übel! |
| **you** [juː] *pers pron* | **du, ihr, Sie, dich, euch, dir, Ihnen, man** |
| Are **you** coming to the pub later? | Kommst du später in die Kneipe? |
| I met **you** at Sandy's party last year. | Ich habe dich letztes Jahr auf Sandys Feier kennen gelernt. |
| I'll give **you** your money back tomorrow. | Ich gebe dir morgen dein Geld zurück. |
| **You** can see the coast from that hill. | Man kann von dem Hügel dort die Küste sehen. |

| | |
|---|---|
| **he** [hiː, hɪ] *pers pron* | **er** |
| That's Andy. **He**'s from Australia. | Das ist Andy. Er ist aus Australien. |
| **she** [ʃiː˙ ʃɪ] *pers pron* | **sie** |
| Do you know Liz? **She**'s my girlfriend. | Kennst du Liz? Sie ist meine Freundin. |
| **it** [ɪt] *pers pron* | **es,** *je nach grammatischem Geschlecht auch:* **er, sie** |
| I gave little Tom a present and he broke **it**! | Ich gab dem kleinen Tom ein Geschenk, und er hat es kaputt gemacht! |
| **It**'s simply a matter of taste! | Es ist einfach Geschmacksache! |
| Who's there? – **It**'s only me! | Wer ist da? – Ich bin es nur! |
| Roger took the map and put **it** into his pocket. | Roger nahm den Plan und steckte ihn in seine Tasche. |
| **we** [wiː] *pers pron* | **wir** |
| **We** want to live together. | Wir wollen zusammenwohnen. |
| **they** [ðeɪ] *pers pron* | **sie, man** |
| **They** say it's dangerous here at night. | Man sagt, dass es hier nachts gefährlich ist. |
| I invited Don and Rita but **they** can't come. | Ich lud Don und Rita ein, aber sie können nicht kommen. |
| **me** [miː] *pers pron* | **mich, mir, ich** |
| Who broke this glass? – It was **me**! | Wer hat das Glas zerbrochen? – Ich war es! |
| Dora told **me** all about her holiday. | Dora erzählte mir alles über ihren Urlaub. |
| **him** [hɪm] *pers pron* | **ihn, ihm, er** |
| I saw Ray, but I didn't speak to **him**. | Ich sah Ray, aber ich sprach nicht mit ihm. |
| I looked for my son and finally found **him** in the cellar! | Ich suchte meinen Sohn, und fand ihn endlich im Keller! |
| Which one is the man who hit you? Is it **him**? | Welcher ist der Mann, der dich schlug? Ist er das? |
| **her** [hɜː˙ hə] *pron* | **ihr(e), sie, ihr** |
| Have you seen Karen? I tried to phone **her** yesterday. | Hast du Karen gesehen? Ich habe versucht, sie gestern anzurufen. |
| Susy lost **her** handbag on the train. | Susy verlor ihre Handtasche im Zug. |

Hayley met Betty and told **her** about **her** new boyfriend. — Hayley traf Betty und erzählte ihr von ihrem neuen Freund.

That girl looks like Rosa. Is it **her**? — Das Mädchen dort sieht wie Rosa aus. Ist sie das?

**us** [ʌs] *pers pron* — **uns**

Keith gave **us** the keys to his flat. — Keith gab uns seine Wohnungsschlüssel.

**them** [ðem, ðəm] *pers pron* — **sie, ihnen**

Where are my papers? I had **them** a moment ago. — Wo sind meine Papiere? Ich habe sie noch eben gehabt.

I saw Mary and Jill and told **them** what I had seen. — Ich sah Mary und Jill und erzählte ihnen, was ich gesehen hatte.

**my** [maɪ] *pron* — **mein(e)**

That's **my** mother. — Das ist meine Mutter.

I scalded **my** hand with boiling water. — Ich verbrühte mir die Hand mit kochendem Wasser.

ⓘ Bei Körperteilen, Kleidungsstücken usw. steht fast immer das dazugehörige Possessivpronomen, wo im Deutschen meist nur der Artikel gebraucht wird, z.B. ***He had his hands in his pockets*** (Er hatte die Hände in den Taschen).

**your** [jʊə] *pron* — **dein(e), euer, eure, Ihr(e)**

Excuse me, is this **your** bag? — Entschuldigen Sie bitte, ist das Ihre Tasche?

→ *my*

**his** [hɪz] *pron* — **sein(e), seine(r, -s)**

Frank spends a lot of time with **his** children. — Frank verbringt viel Zeit mit seinen Kindern.

Is this Dave's pen? It looks like **his**. — Ist das Daves Füller? Er sieht aus wie seiner.

→ *my*

**its** [ɪts] *pron* — **sein(e)**

The dog scratched **its** ear. — Der Hund kratzte sich am Ohr.

⚠ *nicht:* it's

This restaurant is famous for **its** good food. — Dieses Restaurant ist für sein gutes Essen bekannt.

⚠ *nicht:* it's

→ *my*

ⓘ Nicht ***its*** (Possessivpronomen, immer in einem Wort geschrieben) mit ***it's*** verwechseln! ***it's*** ist Abkürzung von ***it is*** oder ***it has.***

**our** ['aʊə] *pron*
We invited **our** friends round for dinner.
→ *my*

**unser(e)**
Wir luden unsere Freunde zu uns zum Essen ein.

**their** [ðeə] *pron*
Janet and Paul had **their** children with them.
→ *my*

**ihr(e)**
Janet und Paul hatten ihre Kinder dabei.

**mine** [maɪn] *pron*
Jane is a good friend of **mine**.

Is this your car? – No, **mine**'s the grey one.

**meine(r, -s)**
Jane ist eine gute Freundin von mir.
Ist das dein Auto? – Nein, meins ist das graue.

**yours** [jʊəz] *pron*

Is that dog over there **yours**?

**deine(r, -s), eure(r, -s), Ihre(r, -s)**
Ist der Hund dort drüben Ihrer?

**hers** [hɜːz] *pron*
I thought the book belonged to Lea, but it wasn't **hers**.

**ihre(r, -s)**
Ich dachte, dass das Buch Lea gehörte, aber es war nicht ihrs.

**ours** ['aʊəz] *pron*
Our neighbour's garden is neater than **ours**.

**unsere(r, -s)**
Der Garten unseres Nachbarn ist ordentlicher als unserer.

**theirs** [ðeəz] *pron*
Ben and Rick have got a motorbike, but that isn't **theirs**.

**ihre(r, -s)**
Ben und Rick haben ein Motorrad, aber das ist nicht ihrs.

**oneself** [wʌn'self] *pron*
One has to look after **oneself** in this business.

**sich, selbst, allein**
Man muss in diesem Geschäft auf sich selbst aufpassen.

**myself** [maɪ'self] *pron*
I hurt **myself** playing football.

I cooked it **myself**.
→ *oneself*

**mich, selbst, allein**
Ich habe mich beim Fußballspielen verletzt.
Ich habe es selbst gekocht.

**yourself** [jʊə'self] *pron*
You should try and mend it **yourself**.
You look very pleased with **yourself**!
→ *oneself*

**dich, sich, selbst, allein**
Du solltest versuchen, es selbst zu reparieren.
Sie sehen sehr zufrieden mit sich aus!

**himself** [hɪm'self] *pron* — **sich, selbst, allein**

Mr Brown looked at **himself** in the mirror. — Mr Brown sah sich im Spiegel an.

Henry does all the housework **himself**. — Henry macht die ganze Hausarbeit allein.

→ *oneself*

**herself** [hɜː'self] *pron* — **sich, selbst, allein**

Anne is always talking to **herself**. — Anne redet immer mit sich selbst.

Lee taught **herself** Italian. — Lee brachte sich selbst Italienisch bei.

→ *oneself*

**itself** [ɪt'self] *pron* — **sich, selbst**

This oven cleans **itself** automatically. — Dieser Herd reinigt sich automatisch selbst.

This picture speaks for **itself**. — Dieses Bild spricht für sich.

**ourselves** [ˌaʊə'selvz] *pron* — **uns, selbst, allein**

We decorated the living room **ourselves**. — Wir renovierten das Wohnzimmer selbst.

We had to force **ourselves** to get up early today. — Heute mussten wir uns zwingen, früh aufzustehen.

→ *oneself, each other*

**yourselves** [jʊə'selvz] *pron* — **euch, sich, selbst, allein**

We like going to the fitness centre – you should try it **yourselves**. — Wir gehen gerne ins Fitness-Center – ihr solltet es auch ausprobieren.

Did you enjoy **yourselves** at the party? — Habt ihr euch auf dem Fest amüsiert?

→ *oneself, each other*

**themselves** [ðəm'selvz] *pron* — **sich, selbst, allein**

Donna and Vera injured **themselves** in a car accident. — Donna und Vera haben sich bei einem Autounfall verletzt.

The children tidied up their room **themselves**. — Die Kinder räumten selbst ihr Zimmer auf.

**each other** [ˌiːtʃ 'ʌðə] *pron syn:* one another — **einander, sich (gegenseitig)**

Sharon and I don't see **each other** every day. — Sharon und ich sehen uns nicht jeden Tag.

**some** [sʌm, səm] *adj, pron* — **etwas, einige, ein paar, manche, (irgend)ein(e), irgendwelche**

Would you like **some** more wine? — Möchtest du noch etwas Wein?

I've got **some** holiday photos with me. — Ich habe ein paar Urlaubsfotos dabei.

**Some** dogs are really dangerous. — Manche Hunde sind sehr gefährlich.

There must be **some** way you can get a job. — Es muss doch irgendeine Möglichkeit geben, eine Arbeit zu finden.

**any** ['enɪ] *adj, pron* — **irgendein(e), irgendwelche, etwas, jede(r, -s), alles**

We haven't got **any** more milk left. — Wir haben keine Milch mehr.

Have you got **any** friends you can talk to? — Hast du irgendwelche Freunde, mit denen du reden kannst?

Is there **any** more tea in the pot? — Ist noch etwas Tee in der Kanne?

You can have **any** toy you want! — Du darfst jedes Spielzeug haben, das du willst.

ⓘ ***Some*** und ***any*** bleiben im Deutschen oft unübersetzt. ***any*** wird hauptsächlich in Frage und Verneinung gebraucht. Im Aussagesatz bedeutet ***any*** meist jede(r) Beliebige. Das Gleiche gilt für Zusammensetzungen mit ***any.***

**somebody** ['sʌmbədɪ] *pron syn:* someone, *opp:* nobody, no one — **jemand**

There's **somebody** at the door! — Da ist jemand an der Tür!

**someone** ['sʌmwʌn] *pron syn:* somebody, *opp:* nobody — **jemand**

**Someone**'s stolen my bike! — Jemand hat mein Fahrrad gestohlen!

**something** ['sʌmθɪŋ] *pron opp:* nothing — **etwas**

Tell me **something** about Samantha. — Erzähl mir etwas über Samantha.

**anybody** ['enɪbɒdɪ] *pron syn:* anyone — **(irgend)jemand, jeder (Beliebige)**

Do you need **anybody** to help you? — Brauchst du jemanden, der dir hilft?

**Anybody** can learn a foreign language. — Jeder kann eine Fremdsprache lernen.

**anyone** ['enɪwʌn] *pron syn:* anybody — **(irgend)jemand, jeder (Beliebige)**

Is **anyone** else working late this evening? — Arbeitet sonst noch jemand heute Abend länger?

Can you see **anyone** we know? — Kannst du irgendjemanden sehen, den wir kennen?

**anything** ['enɪθɪŋ] *pron* — **(irgend)etwas, alles**

I would do **anything** to get a job! — Ich würde alles tun, um eine Arbeit zu finden!

Do you know **anything** about computers? — Weißt du irgendetwas über Computer?

**every** ['evrɪ] *adj syn:* each — **jede(r, -s)**

I get up at 6 o'clock **every** day. — Ich stehe jeden Tag um 6 Uhr auf.

**each** [iːtʃ] *adj, pron syn:* every — **jede(r, -s)**

**Each** of these watches has a guarantee. — Jede dieser Uhren hat eine Garantie.

**everybody** ['evrɪbɒdɪ] *pron syn:* everyone, *opp:* nobody — **jeder(mann), alle**

**Everybody** seems to be enjoying themselves. — Es scheint so, als ob sich alle hier amüsieren.

Sam gave **everybody** an invitation. — Sam hat jedem eine Einladung gegeben.

**everyone** ['evrɪwʌn] *pron syn:* everybody, *opp:* nobody, no one — **jeder(mann), alle**

**Everyone** I know has a computer. — Jeder, den ich kenne, hat einen Computer.

**everything** ['evrɪθɪŋ] *pron syn:* all, *opp:* nothing — **alles**

After I had tidied **everything** up, I couldn't find my glasses. — Nachdem ich alles aufgeräumt hatte, konnte ich meine Brille nicht finden.

**nobody** ['nəʊbədɪ] *pron syn:* no one, *opp:* everybody, everyone — **niemand, keiner**

**Nobody** told me you were ill. — Niemand hat mir gesagt, dass du krank warst.

**no one** ['nəʊwʌn] *pron syn:* nobody, *opp:* everybody, everyone — **niemand, keiner**

**No one** was interested in what John was saying. — Niemand interessierte sich für das, was John erzählte.

**one** [wʌn] *pron syn:* you — **man,** *Stützwort* **ein(e)**

**One** has to be careful who **one** trusts. — Man muss vorsichtig sein, wem man vertraut.

This phone is nice, but I want a cheaper **one**. — Dieser Telefonapparat ist schön, aber ich möchte einen billigeren.

ⓘ ***One*** in der Bedeutung man ist recht förmlich – meist wird ***you*** vorgezogen, also: ***You can't always get what you want.***

**such** [sʌtʃ] *pron, adj* — **so, solch, solche(r, -s)**

It was **such** a beautiful day that I went for a walk. — Es war so ein schöner Tag, dass ich spazieren ging.

## HILFSVERBEN

**be** [biː] *v/i, v/aux* ⚠ **am** [æm], **are** [ɑː], **is** [ɪz], **was** [wɒz], **were** [wɜː], **been** [biːn] — **sein, werden**

My daughter **is** ill at the moment. — Meine Tochter ist zur Zeit krank.

Kate wants to **be** a doctor. — Kate möchte Ärztin werden.

That **was** a good film, **was**n't it? — Das war ein guter Film, nicht wahr?

I'**m** just writing a few letters. — Ich schreibe gerade ein paar Briefe.

Tony **was** attacked by a dog yesterday. — Tony wurde gestern von einem Hund angegriffen.

How long have you **been** here? — Wie lange bist du schon da?

**have** [hæv] *v/aux* ⚠ **had** [hæd], **had** [hæd] — **haben** *(oft unübersetzt)*

I'**ve** been in London since last Wednesday. — Ich bin schon seit letzten Mittwoch in London.

**Have** you heard the news today? – No, I **have**n't. What'**s** happened? — Hast du schon die Nachrichten heute gehört? Nein, was ist denn passiert?

George **has** been blind all his life. — George ist schon sein ganzes Leben blind.

I wouldn't **have** said anything **had** I known. — Ich hätte nichts gesagt, wenn ich es gewusst hätte.

I **had** better phone Julie. — Ich sollte lieber Julie anrufen.

**do** [duː] *v/aux* ⚠ **did** [dɪd], **done** [dʌn] — **tun** *(meist unübersetzt)*

**Do** you like strawberries? – No, I **do**n't. — Magst du Erdbeeren? – Nein.

What **does** Mike want to **do** this evening? — Was will Mike heute Abend machen?

You **did**n't tell Tina anything, **did** you? — Du hast Tina doch nichts erzählt, oder?

**Do**n't be frightened. It's only me! — Keine Angst! Ich bin es nur!

You play golf, **do**n't you? — Du spielst Golf, nicht wahr?

I **do** like your new dress! — Mir gefällt dein neues Kleid wirklich!

ⓘ ***Do*** wird oft verwendet, um eine Aussage zu verstärken oder zu betonen, z.B. ***Do be careful!*** (Seid bloß vorsichtig!), ***I did see him but ...*** (Ich sah ihn wohl, aber ...).

**can** [kæn] ⚠ **could** [kʊd] — **können, dürfen**

**Can** you speak French? — Kannst du Französisch?

You **can** go home now, if you like. — Sie dürfen jetzt nach Hause gehen, wenn Sie wollen.

ⓘ Als unvollständiges Hilfsverb kann ***can*** nur die Vergangenheit ***(could)*** bilden. Alle anderen Zeitstufen werden mit ***to be able to*** gebildet.

**cannot** ['kænɒt], **can't** [kɑːnt] — **kann** *usw.* **nicht, darf** *usw.* **nicht**

I **cannot** tell a lie! — Ich kann nicht lügen!

You **can't** smoke here! — Sie dürfen hier nicht rauchen!

**could** [kʊd] — **konnte** *usw.*, **könnte** *usw.*, **würde** *usw.*

I **could** run a lot faster when I was younger. — Ich konnte viel schneller laufen, als ich jünger war.

You **could** wash the car instead of doing nothing! — Du könntest das Auto waschen, anstatt nichts zu tun!

**could not** ['kʊd nɒt], **couldn't** ['kʊdnt] — **konnte** *usw.* **nicht, könnte** *usw.* **nicht**

**Couldn't** it wait until I've finished breakfast? — Könnte es nicht warten, bis ich mit dem Frühstück fertig bin?

I'm sorry I **couldn't** come yesterday. — Es tut mir Leid, dass ich gestern nicht kommen konnte.

**may** [meɪ] *syn:* can, might — **können, dürfen, mögen**

It **may** be nicer later on. — Vielleicht wird es später schöner.

Susan **may** have forgotten where I live. — Vielleicht hat Susan vergessen, wo ich wohne.

**May** I have a biscuit? — Darf ich einen Keks haben?

Yes, you **may**. — – Ja, du darfst.

I **may** be mad, but I'm not *that* mad! — Ich mag verrückt sein, aber *so* verrückt bin ich nun auch wieder nicht!

**May** you live a long and healthy life! — Mögest du lange leben und gesund bleiben!

ⓘ Deutsch dürfen wird meist durch ***to be allowed to*** ausgedrückt. ***may*** in der Bedeutung dürfen kommt fast nur noch in Beispielen vor wie ***May I ...? – Yes, you may/No, you may not*** (Darf ich ...? – Ja/Nein). Sonst drückt ***may*** meistens eine Möglichkeit aus, z.B. ***She may not be at home*** (Vielleicht ist sie nicht zu Hause).

**might** [maɪt] *syn:* may, could — **könnte, könntest, könnten, könntet**

It **might** be difficult to reach me at home tomorrow. — Morgen könnte es schwierig sein, mich zu Hause zu erreichen.

**will** [wɪl] — **werden** *(Zukunft)*, **wollen**

I **will** help Geoff later. — Ich werde (⚠ *nicht:* will) Geoff später helfen.

Wait a moment! I'**ll** carry that bag for you. — Moment mal! Ich werde (⚠ *nicht:* will) dir die Tasche tragen.

**Will** you marry me? — Willst du mich heiraten?

ⓘ ***Will*** wird in allen Personen dazu gebraucht, die Zukunft auszudrücken. ***Will*** kann auch in höflichen Fragen statt ***would*** oder ***could*** stehen. Deutsch wollen wird durch ***to want (to)*** ausgedrückt, z.B. ***She wants to help you*** (Sie will dir helfen).

**be going to** [bɪ 'gəʊɪŋ tə] — **werden** *(Zukunft)*

Sheila'**s going to** start her Spanish course next week. — Sheila wird nächste Woche mit ihrem Spanischkurs anfangen.

ⓘ ***To be going to*** wird verwendet, um zukünftige Handlungen auszudrücken, wenn diese fest geplant sind.

**would** [wʊd] — **würde, würdest, würden, würdet**

Tommy said that he **would** be ready. — Tommy sagte, dass er fertig sein würde (⚠ *nicht:* wollte).

**Would** you help me, please? — Würden Sie mir bitte helfen?

I **would**n't have given you money if I had known you **would** spend it on cigarettes! — Ich hätte dir niemals Geld gegeben, wenn ich gewusst hätte, dass du es für Zigaretten ausgibst.

ⓘ ***Would*** wird hauptsächlich verwendet, um das ***Conditional*** (Bedingungsform) zu bilden, und entspricht meist dem deutschen würde. Dem deutschen wollte entspricht ***wanted (to),*** z.B. ***I only wanted to help you*** (Ich wollte dir doch nur helfen).

**shall** [ʃæl] — **sollen, wollen, werden**

Where **shall** we go this evening? — Wohin wollen wir heute Abend gehen?

What **shall** I tell Rita? — Was soll ich Rita sagen?

We **shall** be ready on time! — Wir werden rechtzeitig fertig sein!

ⓘ ***Shall*** wird meist in Fragen mit ***I*** and ***we*** gebraucht und bedeutet sollen, vor ***we*** auch wollen. ***I/we shall*** kann auch anstelle von ***I/we will*** die Zukunft ausdrücken, besonders in förmlichem Stil, z.B. wenn ein feierliches Versprechen gegeben wird.

**should** [ʃʊd] *syn:* ought to — **sollte, solltest, sollten, solltet**

You **should**n't eat so much! — Du solltest nicht so viel essen!

I **should** be more careful with my money! — Ich sollte mit meinem Geld vorsichtiger sein!

ⓘ Im modernen Englisch bedeutet ***should*** fast immer sollte usw. In sehr förmlichem Englisch kann – ähnlich wie ***shall*** für ***will*** – ***should*** anstelle von ***would*** (würde) gebraucht werden, z.B. ***I shouldn't do that if I were you*** (Ich an deiner Stelle <u>würde</u> das nicht tun).

**ought to** ['ɔːt tə] *syn:* should — **sollte, solltest, sollten, solltet**

You **ought to** phone Sarah and tell her the truth. — Du solltest Sarah anrufen und ihr die Wahrheit sagen.

**must** [mʌst] *v/aux syn:* have to, *opp:* need not — **müssen**

Ken **must** be mad to marry that woman! — Ken muss verrückt sein, diese Frau zu heiraten!

You **must** visit us some time. — Ihr müsst uns mal besuchen.

ⓘ ***Must*** gibt es nur im Präsens, in allen anderen Zeitstufen wird ***have to*** gebraucht.
Vorsicht, das Gegenteil von ***must*** ist nicht ***must not*** (nicht dürfen), sondern ***need not*** oder ***not have to*** (nicht müssen/brauchen).

**have to** ['hæv tʊ] *syn:* must, *opp:* need not — **müssen, brauchen zu**

Larry **had to** work on Sunday. — Larry musste am Sonntag arbeiten.

You didn't **have to** give me any flowers! — Du hättest mir doch keine Blumen schenken müssen!

**need not** ['niːd nɒt], **needn't** ['niːdnt] — **nicht müssen, nicht brauchen zu**

You **needn't** finish that work now – this is more important. — Du brauchst jetzt diese Arbeit nicht fertig zu machen – das hier ist wichtiger.

ⓘ ***Need not*** gibt es nur im Präsens; in allen anderen Zeitstufen wird ***not have to*** verwendet, z.B. ***You didn't have to do it*** (Du brauchtest es nicht zu tun).

**must not** ['mʌst nɒt], **mustn't** ['mʌsnt] *opp:* may, be allowed to — **nicht dürfen**

Sandra **mustn't** find out what happened! — Sandra darf nicht erfahren, was passiert ist! (⚠ *nicht:* muss)

ⓘ Vorsicht, ***must not*** heißt nicht nicht müssen/brauchen, sondern nicht dürfen. Da es ***must not*** nur im Präsens gibt, muss in allen anderen Zeitstufen ***not be allowed to*** verwendet werden, z.B. ***I wasn't allowed to leave the city*** (Ich durfte die Stadt nicht verlassen).

# WEITERE PRÄPOSITIONEN, KONJUNKTIONEN UND ADVERBIEN

**and** [ænd, ənd] *cj* — **und**

I saw Terri **and** June yesterday. — Gestern sah ich Terri und June.

**or** [ɔː] *cj* — **oder**

Would you like red **or** white wine? — Möchtest du Rot- oder Weißwein?

**but** [bət] *cj* — **aber, sondern**
The flat is small, **but** I love it! — Die Wohnung ist klein, aber ich liebe sie!

**with** [wɪð] *prp opp:* without — **mit**
Lisa went to London **with** her sister. — Lisa ist mit ihrer Schwester nach London gefahren.

**without** [wɪð'aʊt] *prp* — **ohne**
I've never seen you **without** your glasses before. — Ich habe dich noch nie ohne Brille gesehen.

**as** [æz] *prp, cj* — **als, wie, (genau)so**
Terry sometimes works **as** a gardener. — Manchmal arbeitet Terry als Gärtner.
It's just **as** hot today **as** it was yesterday. — Heute ist es genauso heiß wie gestern.
**As** always, I couldn't finish my work on time. — Wie immer, konnte ich meine Arbeit nicht rechtzeitig zu Ende bringen.

**between** [bɪ'twiːn] *prp* — **zwischen**
What is the difference **between** these two watches? — Was ist der Unterschied zwischen diesen beiden Uhren?

**from ... to** [frəm ... tə] *prp* — **von ... bis, von ... nach**
I work **from** 9 **to** 5 in an office. — Ich arbeite von 9 bis 5 in einem Büro.
The train goes **from** London **to** Newcastle. — Der Zug fährt von London nach Newcastle.

**for** [fə] *prp* — **für**
Are there any letters **for** me? — Sind irgendwelche Briefe für mich da?

**to** [tʊ] *cj syn:* in order to — **um zu**
I only came round **to** give you this book. — Ich kam nur vorbei, um dir dieses Buch zu geben.

**that** [ðæt, ðət] *cj* — **dass**
I'm sorry **that** I woke you up. — Es tut mir Leid, dass ich dich geweckt habe.

**if** [ɪf] *cj* — **wenn, falls, ob**
Do you know **if** Jim is at home? — Weißt du, ob Jim zu Hause ist?
I'll repair the car at the weekend, **if** I have time. — Ich werde das Auto am Wochenende reparieren, wenn ich Zeit habe.

**about** [ə'baʊt] *prp* — **über, von** *(Thema),* **ungefähr, etwa**

Fred always talks **about** himself. — Fred redet immer über sich selbst.

I've got **about** fifty CDs. — Ich habe ungefähr fünfzig CDs. (⚠ *nicht:* über)

ⓘ ***About*** bedeutet über nur in Verbindung mit einem Thema. Über (= mehr als) heißt ***over, more than.***

**of** [əv] *prp* — **von** *(meist unübersetzt)*

I hate the sound **of** barking dogs! — Ich hasse den Lärm von bellenden Hunden!

I'd like a glass **of** wine, please. — Ich hätte bitte gern ein Glas Wein.

My birthday is on 23rd **of** April. — Mein Geburtstag ist am 23. April.

Kevin is the captain **of** our team. — Kevin ist der Spielführer unserer Mannschaft.

**by** [baɪ] *prp* — **von, durch, mit, per, mittels**

I wrote the letter **by** hand. — Ich schrieb den Brief per Hand.

The poem was written **by** an unknown soldier. — Das Gedicht wurde von einem unbekannten Soldat geschrieben.

# Unregelmäßige Verben
# Übersicht über die Stammformen

Mit Stern (*) gekennzeichnete Formen können auch durch die regelmäßig gebildete Form auf **-ed** ersetzt werden.

| infinitive | past | past participle | |
|---|---|---|---|
| **abide** [aɪ] | **abode*** [əʊ] | **abode** [əʊ] | bleiben |
| **arise** [aɪ] | **abrose** [əʊ] | **arisen** [ɪ] | sich erheben |
| **awake** [eɪ] | **awoke** [əʊ] | **awoken** [əʊ] | erwachen |
| **be** [i(ː)] | **was** [ɔ, ə],<br>**were** [ə(ː)] | **been** [i(ː)] | sein |
| **bear** [ɛə] | **bore** [ɔ] | **borne** [ɔː]<br>**born** [ɔː] | (er)tragen;<br>geboren |
| **beat** [iː] | **beat** [iː] | **beaten** [iː] | schlagen |
| **become** [ʌ] | **became** [eɪ] | **become** [ʌ] | werden |
| **beget** [e] | **begot** [ɔ] | **begotten** [ɔ] | zeugen |
| **begin** [ɪ] | **began** [æ] | **begun** [ʌ] | anfangen |
| **bend** [e] | **bent** [e] | **bent** [e] | beugen |
| **beseech** [iː] | **besought*** [ɔː] | **besought*** [ɔː] | ersuchen |
| **bet** [e] | **bet*** [e] | **bet*** [e] | wetten |
| **bid** [ɪ] | **bade** [eɪ],<br>**bid** [ɪ] | **bidden** [ɪ]<br>**bid** [ɪ] | befehlen<br>bieten |
| **bide** [aɪ] | **bode*** [əʊ] | **bided** [aɪ] | abwarten |
| **bind** [aɪ] | **bound** [aʊ] | **bound** [aʊ] | binden |
| **bite** [aɪ] | **bit** [ɪ] | **bitten** [ɪ] | beißen |
| **bleed** [iː] | **bled** [e] | **bled** [e] | bluten |
| **blow** [əʊ] | **blew** [uː] | **blown** [əʊ] | blasen; blühen |
| **break** [eɪ] | **broke** [əʊ] | **broken** [əʊ] | brechen |
| **breed** [iː] | **bred** [e] | **bred** [e] | aufziehen |
| **bring** [ɪ] | **brought** [ɔː] | **brought** [ɔː] | bringen |
| **build** [ɪ] | **built** [ɪ] | **built** [ɪ] | bauen |
| **burn** [ɜː] | **burnt*** [ɜː] | **burnt*** [ɜː] | brennen |
| **burst** [ɜː] | **burst** [ɜː] | **burst** [ɜː] | bersten |
| **buy** [aɪ] | **bought** [ɔː] | **bought** [ɔː] | kaufen |
| **cast** [ɑː] | **cast** [ɑː] | **cast** [ɑː] | werfen |
| **catch** [æ] | **caught** [ɔː] | **caught** [ɔː] | fangen |
| **chide** [aɪ] | **chid*** [ɪ] | **chid(den)*** [ɪ] | schelten |
| **choose** [uː] | **chose** [əʊ] | **chosen** [əʊ] | wählen |
| **cleave** [iː], | **cleft** [e],<br>**clove*** [əʊ] | **cleft** [e],<br>**cloven*** [əʊ] | (sich) spalten |
| **cling** [ɪ] | **clung** [ʌ] | **clung** [ʌ] | sich (an)klammern |

| | | | |
|---|---|---|---|
| **come** [ʌ] | **came** [eɪ] | **come** [ʌ] | kommen |
| **cost** [ɔ] | **cost** [ɔ] | **cost** [ɔ] | kosten |
| **creep** [iː] | **crept** [e] | **crept** [e] | kriechen |
| **cut** [ʌ] | **cut** [ʌ] | **cut** [ʌ] | schneiden |
| **deal** [iː] | **dealt** [e] | **dealt** [e] | handeln |
| **dig** [ɪ] | **dug** [ʌ] | **dug** [ʌ] | graben |
| **do** [u(ː)] | **did** [ɪ] | **done** [ʌ] | tun |
| **draw** [ɔː] | **drew** [uː] | **drawn** [ɔː] | ziehen; zeichnen |
| **dream** [iː] | **dreamt*** [e] | **dreamt*** [e] | träumen |
| **drink** [ɪ] | **drank** [æ] | **drunk** [ʌ] | trinken |
| **drive** [aɪ] | **drove** [əʊ] | **driven** [ɪ] | treiben; fahren |
| **dwell** [e] | **dwelt*** [e] | **dwelt*** [e] | wohnen |
| **eat** [iː] | **ate** [e] | **eaten** [iː] | essen |
| **fall** [ɔː] | **fell** [e] | **fallen** [ɔː] | fallen |
| **feed** [iː] | **fed** [e] | **fed** [e] | füttern |
| **feel** [iː] | **felt** [e] | **felt** [e] | fühlen |
| **fight** [aɪ] | **fought** [ɔː] | **fought** [ɔː] | kämpfen |
| **find** [aɪ] | **found** [au] | **found** [aʊ] | finden |
| **flee** [iː] | **fled** [e] | **fled** [e] | fliehen |
| **fling** [ɪ] | **flung** [ʌ] | **flung** [ʌ] | schleudern |
| **fly** [aɪ] | **flew** [uː] | **flown** [əʊ] | fliegen |
| **forbid** [ɪ] | **forbade** [eɪ] | **forbidden** [ɪ] | verbieten |
| **forecast** [ɑː] | **forecast*** [ɑː] | **forecast*** [ɑː] | voraussagen |
| **forget** [e] | **forgot** [ɔ] | **forgotten** [ɔ] | vergessen |
| **forsake** [eɪ] | **forsook** [ʊ] | **forsaken** [eɪ] | aufgeben; verlassen |
| **freeze** [iː] | **froze** [əʊ] | **frozen** [əʊ] | (ge)frieren |
| **get** [e] | **got** [ɔ] | **got** [ɔ] Am. **gotten** [ɔ] | bekommen |
| **gild** [ɪ] | **gilt*** [ɪ] | **gilt*** [ɪ] | vergolden |
| **gird** [ɜː] | **girt*** [ɜː] | **girt*** [ɜː] | (um)gürteln |
| **give** [ɪ] | **gave** [eɪ] | **given** [ɪ] | geben |
| **go** [əʊ] | **went** [e] | **gone** [ɔ] | gehen |
| **grind** [aɪ] | **ground** [aʊ] | **ground** [aʊ] | mahlen |
| **grow** [əʊ] | **grew** [uː] | **grown** [əʊ] | wachsen; anbauen |
| **hang** [æ] | **hung*** [ʌ] | **hung*** [ʌ] | (auf)hängen |
| **have** [æ,ə] | **had** [æ,ə] | **had** [æ,ə] | haben |
| **hear** [ɪə] | **heard** [ɜː] | **heard** [ɜː] | hören |
| **hew** [uː] | **hewed** [uː] | **hewn*** [uː] | hauen, hacken |
| **hide** [aɪ] | **hid** [ɪ] | **hid(den)** [ɪ] | (sich) verstecken |
| **hit** [ɪ] | **hit** [ɪ] | **hit** [ɪ] | treffen; schlagen |
| **hold** [əʊ] | **held** [e] | **held** [e] | halten |

| | | | |
|---|---|---|---|
| **hurt** [ɜː] | **hurt** [ɜː] | **hurt** [ɜː] | verletzen |
| **keep** [iː] | **kept** [e] | **kept** [e] | (be)halten; aufbewahren |
| **kneel** [iː] | **knelt*** [e] | **knelt*** [e] | knien |
| **knit** [ɪ] | **knit*** [ɪ] | **knit*** [ɪ] | stricken |
| **know** [əʊ] | **knew** [uː] | **known** [əʊ] | wissen, kennen |
| **lay** [eɪ] | **laid** [eɪ] | **laid** [eɪ] | legen |
| **lead** [iː] | **led** [e] | **led** [e] | führen, leiten |
| **lean** [iː] | **leant*** [e] | **leant*** [e] | (sich) (an)lehnen |
| **leap** [iː] | **leapt*** [e] | **leapt*** [e] | (über)springen |
| **learn** [ɜː] | **learnt*** [ɜː] | **learnt*** [ɜː] | lernen; erfahren |
| **leave** [iː] | **left** [e] | **left** [e] | (ver)lassen |
| **lend** [e] | **lent** [e] | **lent** [e] | leihen |
| **let** [e] | **let** [e] | **let** [e] | lassen |
| **lie** [aɪ] | **lay** [eɪ] | **lain** [eɪ] | liegen |
| **light** [aɪ] | **lit*** [ɪ] | **lit*** [ɪ] | anzünden, erleuchten |
| **lose** [uː] | **lost** [ɔ] | **lost** [ɔ] | verlieren |
| **make** [eɪ] | **made** [eɪ] | **made** [eɪ] | machen |
| **mean** [iː] | **meant** [e] | **meant** [e] | meinen; bedeuten |
| **meet** [iː] | **met** [e] | **met** [e] | begegnen, treffen |
| **mow** [əʊ] | **mowed** [əʊ] | **mown*** [əʊ] | mähen |
| **pay** [eɪ] | **paid** [eɪ] | **paid** [eɪ] | (be)zahlen |
| **put** [ʊ] | **put** [ʊ] | **put** [ʊ] | legen, stellen, setzen |
| **read** [iː] | **read** [e] | **read** [e] | lesen |
| **rend** [e] | **rent** [e] | **rent** [e] | (zer)reißen |
| **rid** [ɪ] | **rid*** [ɪ] | **rid** [ɪ] | freimachen, befreien |
| **ride** [aɪ] | **rode** [əʊ] | **ridden** [ɪ] | reiten |
| **ring** [ɪ] | **rang** [æ] | **rung** [ʌ] | läuten |
| **rise** [aɪ] | **rose** [əʊ] | **risen** [ɪ] | aufstehen; aufgehen (von Gestirnen) |
| **rive** [aɪ] | **rived** [aɪ] | **riven*** [ɪ] | (sich) spalten |
| **run** [ʌ] | **ran** [æ] | **run** [ʌ] | laufen, rennen |
| **saw** [ɔː] | **sawed** [ɔː] | **sawn*** [ɔː] | sägen |
| **say** [eɪ] | **said** [e] | **said** [e] | sagen |
| **see** [iː] | **saw** [ɔː] | **seen** [iː] | sehen |
| **seek** [iː] | **sought** [ɔː] | **sought** [ɔː] | suchen |

| | | | |
|---|---|---|---|
| **sell** [e] | **sold** [əʊ] | **sold** [əʊ] | verkaufen |
| **send** [e] | **sent** [e] | **sent** [e] | senden, schicken |
| **set** [e] | **set** [e] | **set** [e] | setzen, stellen |
| **sew** [əʊ] | **sewed** [əʊ] | **sewn*** [əʊ] | nähen |
| **shake** [eɪ] | **shook** [u] | **shaken** [eɪ] | schütteln |
| **shear** [ɪə] | **sheared** [ɪə] | **shorn*** [ɔː] | scheren |
| **shed** [e] | **shed** [e] | **shed** [e] | vergießen |
| **shine** [aɪ] | **shone** [ɔ] | **shone** [ɔ] | scheinen, glänzen |
| **shoe** [uː] | **shod** [ɔ] | **shod** [ɔ] | (Pferd) beschlagen |
| **shoot** [uː] | **shot** [ɔ] | **shot** [ɔ] | schießen |
| **show** [əʊ] | **showed** [əʊ] | **shown** [əʊ] | zeigen |
| **shred** [e] | **shred*** [e] | **shred*** [e] | (zer)schnitzeln, zerfetzen |
| **shrink** [ɪ] | **shrank** [æ] | **shrunk** [ʌ] | einschrumpfen |
| **shut** [ʌ] | **shut** [ʌ] | **shut** [ʌ] | schließen |
| **sing** [ɪ] | **sang** [æ] | **sung** [ʌ] | singen |
| **sink** [ɪ] | **sank** [æ] | **sunk** [ʌ] | sinken |
| **sit** [ɪ] | **sat** [æ] | **sat** [æ] | sitzen |
| **slay** [eɪ] | **slew** [uː] | **slain** [eɪ] | erschlagen |
| **sleep** [iː] | **slept** [e] | **slept** [e] | schlafen |
| **slide** [aɪ] | **slid** [ɪ] | **slid** [ɪ] | gleiten |
| **sling** [ɪ] | **slung** [ʌ] | **slung** [ʌ] | schleudern |
| **slink** [ɪ] | **slunk** [ʌ] | **slunk** [ʌ] | schleichen |
| **slit** [ɪ] | **slit** [ɪ] | **slit** [ɪ] | schlitzen |
| **smell** [e] | **smelt*** [e] | **smelt*** [e] | riechen |
| **smite** [a ɪ] | **smote** [əʊ] | **smitten** [ɪ] | schlagen |
| **sow** [əʊ] | **sowed** [əʊ] | **sown*** [əʊ] | (aus)säen |
| **speak** [iː] | **spoke** [əʊ] | **spoken** [əʊ] | sprechen |
| **speed** [iː] | **sped*** [e] | **sped*** [e] | eilen |
| **spell** [e] | **spelt*** [e] | **spelt*** [e] | buchstabieren |
| **spend** [e] | **spent** [e] | **spent** [e] | ausgeben |
| **spill** [ɪ] | **spilt*** [ɪ] | **spilt*** [ɪ] | verschütten |
| **spin** [ɪ] | **spun** [ʌ], **span** [æ] | **spun** [ʌ], | spinnen |
| **spit** [ɪ] | **spat** [æ] | **spat** [æ] | spucken |
| **split** [ɪ] | **split** [ɪ] | **split** [ɪ] | spalten |
| **spoil** [ɔɪ] | **spoilt*** [ɔɪ] | **spoilt*** [ɔɪ] | verderben |
| **spread** [e] | **spread** [e] | **spread** [e] | verbreiten |
| **spring** [ɪ] | **sprang** [æ] | **sprung** [ʌ] | springen |
| **stand** [æ] | **stood** [ʊ] | **stood** [ʊ] | stehen |
| **steal** [iː] | **stole** [əʊ] | **stolen** [əʊ] | stehlen |
| **stick** [ɪ] | **stuck** [ʌ] | **stuck** [ʌ] | stecken |
| **sting** [ɪ] | **stung** [ʌ] | **stung** [ʌ] | stechen |
| **stink** [ɪ] | **stank** [æ] | **stunk** [ʌ] | stinken |
| **strew** [uː] | **strewed** [uː] | **strewn*** [uː] | (be)streuen |

| | | | |
|---|---|---|---|
| **stride** [aɪ] | **strode** [əʊ] | **stridden** [ɪ] | über-, durchschreiten |
| **strike** [aɪ] | **struck** [ʌ] | **struck** [ʌ] | schlagen |
| **string** [ɪ] | **strung** [ʌ] | **strung** [ʌ] | spannen |
| **strive** [aɪ] | **strove** [əʊ] | **striven** [ɪ] | streben |
| **swear** [ɛə] | **swore** [ɔː] | **sworn** [ɔː] | schwören |
| **sweep** [iː] | **swept** [e] | **swept** [e] | fegen |
| **swell** [e] | **swelled** [e] | **swollen*** [əʊ] | (an)schwellen |
| **swim** [ɪ] | **swam** [æ] | **swum** [ʌ] | schwimmen |
| **swing** [ɪ] | **swung** [ʌ] | **swung** [ʌ] | schwingen |
| **take** [eɪ] | **took** [ʊ] | **taken** [eɪ] | nehmen |
| **teach** [iː] | **taught** [ɔː] | **taught** [ɔː] | lehren |
| **tear** [ɛə] | **tore** [ɔː] | **torn** [ɔː] | ziehen |
| **tell** [e] | **told** [əʊ] | **told** [əʊ] | sagen |
| **think** [ɪ] | **thought** [ɔː] | **thought** [ɔː] | denken |
| **thrive** [aɪ] | **throve*** [əʊ] | **thriven*** [ɪ] | gedeihen |
| **throw** [əʊ] | **threw** [uː] | **thrown** [əʊ] | werfen |
| **thrust** [ʌ] | **thrust** [ʌ] | **thrust** [ʌ] | stoßen |
| **tread** [e] | **trod** [ɔ] | **trod(den)** [ɔ] | treten |
| **wake** [eɪ] | **woke*** [əʊ] | **woke*** [əʊ] | wachen |
| **wear** [ɛə] | **wore** [ɔː] | **worn** [ɔː] | (Kleider) tragen |
| **weave** [iː] | **wove** [əʊ] | **woven** [əʊ] | weben |
| **weep** [iː] | **wept** [e] | **wept** [e] | weinen |
| **wet** [e] | **wet*** [e] | **wet*** [e] | nässen |
| **win** [ɪ] | **won** [ʌ] | **won** [ʌ] | gewinnen |
| **wind** [aɪ] | **wound** [aʊ] | **wound** [aʊ] | winden |
| **wring** [ɪ] | **wrung** [ʌ] | **wrung** [ʌ] | (aus)wringen |
| **write** [aɪ] | **wrote** [əʊ] | **written** [ɪ] | schreiben |

# REGISTER

## A

## B

## C

## D

## E



## F

## G

## H

## I



## J



## K

## L



## M

## N

## O



## P

## Q

## R



## S

## T

## U



## V



## W

## Y



## Z